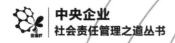
中央企业
社会责任管理之道丛书

国家电网

双向驱动、示范引领型社会责任管理

《国家电网：双向驱动、示范引领型社会责任管理》编写组 编著

State Grid Corporation of China
Bi-direction-driven and Exemplar-geared
Social Responsibility Management

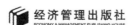

经济管理出版社
ECONOMY & MANAGEMENT PUBLISHING HOUSE

图书在版编目（CIP）数据

国家电网：双向驱动、示范引领型社会责任管理/《国家电网：双向驱动、示范引领型社会责任管理》编写组编著． —— 北京：经济管理出版社，2020.7

ISBN 978 - 7 - 5096 - 7283 - 9

I. ①国… II. ①国… III. ①电力工业 - 工业企业 - 企业责任 - 研究 - 中国 V. ①F426.61

中国版本图书馆 CIP 数据核字（2020）第 133704 号

组稿编辑：申桂萍
责任编辑：赵亚荣
责任印制：黄章平
责任校对：张晓燕

出版发行：经济管理出版社
（北京市海淀区北蜂窝 8 号中雅大厦 A 座 11 层　100038）
网　　址：www. E - mp. com. cn
电　　话：(010) 51915602
印　　刷：三河市延风印装有限公司
经　　销：新华书店
开　　本：720mm×1000mm/16
印　　张：9.25
字　　数：128 千字
版　　次：2020 年 8 月第 1 版　　2020 年 8 月第 1 次印刷
书　　号：ISBN 978 - 7 - 5096 - 7283 - 9
定　　价：56.00 元

总　序（一）

感谢读者朋友们对中央企业社会责任管理工作，对《中央企业社会责任管理之道》丛书的关注与支持！

习近平总书记深刻指出："企业在自身发展的同时，应该当好'企业公民'，饮水思源，回报社会，这是企业不可推卸的社会责任，也是构建和谐社会的重要内容。大量事实证明，只有富有爱心的财富才是真正有意义的财富，只有积极承担社会责任的企业才是最有竞争力和生命力的企业。重经济效益、轻社会效益的企业，甚或只顾赚取利润、不顾安全生产的企业，终究难以持续。"这一重要论述，充分阐明了履行社会责任对企业可持续发展的重要意义。

国有企业是中国特色社会主义的重要物质基础和政治基础，是党执政兴国的重要支柱和依靠力量。中央企业大多处在关系国家安全和国民经济命脉的重要行业和关键领域，是中国特色社会主义的重要物质基础和政治基础，在我国经济社会发展中发挥着不可替代的重要作用，履行社会责任可谓中央企业的"天职"。经过多年改革发展，中央企业规模不断扩大、活力不断增强、创造力不断提升，在履行社会责任方面更应走在前列、做出表率。

多年来，一大批中央企业大力开展社会责任工作，不仅做到了实践上有亮点、理论上有创新，同时还实现了形象上有升级、管理上有提升，形成了丰富多彩、成效显著的企业社会责任管理推进路径和做法，具备总结形成管理模式的条件。中央企业通过践行社会责任，走上与社会共同可持续发展之路，为我国全面建成小康社会和联合国 2030 可持续发展目标做出积极贡献；也通过企业社会责任管理的不断探索，在丰富全球企业管理理论方面做出了自己的独特贡献。

我们出版这套《中央企业社会责任管理之道》丛书，希望通过适时总结、分享中央企业的社会责任管理推进模式，起到以下几个方面的作用：一是通过系统总结分析，进一步推动中央企业提升社会责任管理工作；二是支持中央企业成为全球履行社会责任的典范，服务于建设"具有全球竞争力的世界一流企业"；三是为中央企业参与全球市场竞争奠定基础，成为高质量共建"一带一路"的表率；四是为其他企业开展社会责任管理工作提供有益借鉴，为全球可持续发展贡献来自中国企业的最佳实践。

丛书选取国家电网、中国建筑、华润集团等中央企业为代表，总结了这些企业各具特色的社会责任推进模式，包括《国家电网：双向驱动、示范引领型社会责任管理》《中国建筑：品牌引领型社会责任管理》《华润集团：使命驱动型社会责任管理》等。

未来，我们将持续总结其他中央企业的社会责任管理之道，与社会各界进行分享交流。希望大家一如既往地支持中央企业，共同推动中央企业社会责任管理迈上新台阶！

《中央企业社会责任管理之道》丛书编委会

2020 年 6 月

2

总 序 （二）

　　企业社会责任已成为新一轮经济全球化的重要特征。自 20 世纪初以来，全球企业社会责任的发展经历了 20 世纪 70 年代之前企业社会责任概念产生阶段，20 世纪 70 年代后至 20 世纪末的企业社会责任欧美共识阶段，自 2000 年新世纪以来，企业社会责任进入全球共识阶段。

　　自 2000 年以来，企业社会责任在中国发展迅速。中国企业社会责任的发展，由概念辩论走向基本共识，进而发展到企业社会责任管理阶段，与全球企业社会责任管理实现了快速同步。

　　2000~2005 年是现代企业社会责任概念的辩论阶段，社会各界对企业履行社会责任问题还处在争议的时期。2006~2011 年是中国企业社会责任基本共识阶段。在这个阶段，中国全过程参与社会责任国际标准 ISO 26000 的制定，并最终对 ISO 26000 投了赞成票。这个赞成票是在参与制定 ISO 26000 的六个利益相关方群体意见基础上最终决定的，这也是中国企业社会责任发展的利益相关方第一次全面达成共识。2012 年以来，中国企业社会责任管理实践蓬勃发展。

　　2006 年和 2012 年是中国企业社会责任发展的两个重要里程碑。2006 年可称为中国企业社会责任元年，其重要标志是新修订的公司法明确提出公司要承担社会责任，国家电网公司首份社会责任报告得到了时任总理温家宝的批示和肯定。2012年可称为中国企业社会责任管理元年，其重要标志是国务院国有资产管理委员会（以下简称国务院国资委）将社会责任管理列为中央企业管理水平提升的13项重点措施之一，企业社会责任管理成为提升央企管理水平的重要内容。自此，中国企业社会责任进入社会责任管理发展的新阶段，众多中央企业开始了丰富多彩的企业社会责任管理探索和实践，打开了各类企业从履行社会责任到系统开展社会责任管理的新篇章。

企业社会责任管理

一般来说，企业社会责任管理是指企业有目标、有计划、有执行、有评估、有改进地系统性开展社会责任实践的活动；具体地说，是企业有效管理其决策和活动所带来的经济、环境和社会影响，提升责任竞争力，最大化地为利益相关方创造经济、环境和社会综合价值做贡献，推动社会可持续发展的过程。企业社会责任管理包括社会责任理念管理、生产运营过程的社会责任管理以及职能部门的社会责任管理。企业社会责任作为一种发展中的新型管理思想和方法，正在重塑未来的企业管理，具体体现在企业管理理念、管理目标、管理对象和管理方法等方面。

重塑企业管理理念。企业将由原来的股东（投资人）所有的公司转向由股东和其他企业利益相关方共同所有的公司；企业将由原来的盈利最大化或者股东利益/企业价值最大化转向追求兼顾包括股东在内的利益和诉求的平衡，追求经济、环境和社会综合价值的最大化和最优化，实现企业可持续经营与社会可持续发展多赢和共赢。

重塑企业管理目标。企业责任竞争力将会成为企业未来的核心竞争力。所谓企业责任竞争力就是企业在运用自身专业优势解决社会和环境可持续发展所面临的挑战和问题的同时还能取得良好的经济效益，其根本目标是服务企业、社会和环境的共同可持续发展，其本质是企业的决策和活动做到公平与效率的有机统一。

重塑企业管理对象。企业的管理对象由原来的集中于企业价值链对象的管理扩展到更广泛的利益相关方关系管理。特别重要的是将企业社会责任理念融入其中，从而形成企业各利益相关方的和谐发展关系，取得各利益相关方更大范围的认知、更深程度的认同和更有力度的支持。

重塑企业管理方法。在企业治理理念上，要创造更多的形式，让更多的利益相关方参与公司的重大决策，包括企业管理目标的制定。在生产运营各环节上，更加重视发挥更多利益相关方的作用，使他们能以各种方式参与到企业生产运营的各个环节中来，包括企业的研发、供应、生产、销售及售后服务等，使每个环节都最大限度地减少对社会、经济和环境的负面影响，最大限度地发挥正面效应。特别是通过不断加强对利益相关方的沟通及其关系的管理，企业能够更加敏锐地发现市场需求，能够更加有效地开拓无人竞争的、全新的市场空间和全新的商机。

中央企业社会责任管理推进成就

中央企业是我国国民经济的重要支柱，是国有经济发挥主导作用的骨干力量，履行社会责任是中央企业与生俱来的使命，全社会对中央企业履行社会责任有着更高的要求与期待。

国务院国资委高度重视中央企业社会责任工作，从政策指导、管理提升、加强沟通等方面全面推动中央企业履行社会责任。在国务院国资委的指导下，一批深耕企业社会责任管理的中央企业不仅做到了在理论上有创新，在实践上有亮点，同时还实现了管理上有升级、竞争力上有提升，推动企业社会责任管理发展进入新的境界。观察和研究发现，中国的一批一流企业通过探索社会责任管理推进企业可持续发展的新路径，形成了丰富多彩、成效显著的企业社会责任管理推进模式。

　　位列《财富》世界500强第三位的国家电网公司，经过十余年的持续探索，走出了一条上下驱动、示范引领的全面社会责任管理推进之道，全面社会责任管理的综合价值创造效应正在公司各个层面逐步显现。中国铝业公司全面应用社会责任国际标准ISO 26000，走出了一条标准驱动型社会责任管理推进之道，建立起以负面清单和社会责任管理模块为特色的公司社会责任管理体系，正在助力公司建成具有国际竞争力的世界一流企业。全球最大的投资建设企业——中国建筑走出了一条品牌文化驱动型的社会责任管理推进之道，从开展社会责任品牌及理念管理出发，以社会责任理念重新定义企业使命，细化社会责任管理指标，通过职能部门管理落实到企业生产运营过程，形成了社会责任管理完整循环。作为与大众生活息息相关的多元化企业，华润集团走出了一条以使命为引领的履责之路，将使命作为社会责任工作的试金石，塑造责任文化、开展责任管理、推动责任践行，实现承担历史使命、履行社会责任和推动企业可持续发展的有机统一。此外还有中国移动社会责任主题驱动型社会责任管理推进之道，中国南方电网公司的战略驱动型社会责任管理推进之道，中国五矿集团最大化有利影响、最小化不利影响综合价值创造驱动型社会责任管理推进之道，中国核能电力股份有限公司的公众沟通驱动型社会责任管理推进之道，中国广核集团透明运营驱动型的社会责任管理推进之道，中国长江三峡集团有限公司公益管理驱动型社会责任管理之道等。我们欣喜地看到这些中国一流企业正在通过社会责任管理创新企业管理的历史。

"十三五"期间，中央企业中还会在此基础上形成一批社会责任管理体系较为完善的优秀企业；形成一批引领行业履行社会责任的优秀企业；形成一批模范履行社会责任、具有国际影响力的优秀企业。由此可以看到，中国企业社会责任管理正在中央企业的带动下，登上世界企业管理的历史舞台。

中国企业管理发展的历史机遇

企业社会责任是经济社会发展到一定历史阶段的产物，是经济全球化和人类可持续发展对企业提出的更多、更高和更新的要求，也是人类对企业提出的新期待。社会责任管理正是全球先锋企业在这一领域的新探索和新进展。

社会责任管理对全球企业来讲都是一个新课题。如果说改革开放以来，中国企业一直处于向西方企业不断学习企业经营管理理念和经验的阶段，那么，社会责任的发展提供了中国企业在同一起跑线上发展新型经营管理之道的难得机遇。中国企业如能创新运用社会责任管理理念和方法，率先重塑企业管理，将有望缩小与世界先进企业的管理差距，在全球市场竞争中赢得责任竞争优势，在为全球企业管理贡献中国企业管理经验的同时，引领新一轮更加负责任的、更加可持续的经济全球化。

本套丛书将首先面向中国社会责任先锋企业群体——中央企业，系统总结中央企业将社会责任理念和方法系统导入企业生产运营全过程的典型经验。其次，持续跟踪研究中国各类企业的社会责任管理实践，适时推介企业社会责任管理在中国各类企业的新实践、新模式和新经验。最后，借助新媒体和更有效的传播方式，使这些具有典型意义的企业社会责任管理思想和经验总结走出企业、走向行业、走向上下游、走向海内外，成为全球企业管理和可持续发展的中国方案样本。

本套丛书着眼于面向国内外、企业内外传播社会责任管理方面的做法和实践，主要有以下几个目标：

面向世界传播，为世界可持续发展贡献中国企业智慧；

面向中国传播，为中国企业推进社会责任管理提供样本；

面向企业传播，为样本企业升级社会责任管理总结经验。

党的十九大开启了新时代中国特色社会主义新征程。2020 年是我国打好防范化解重大风险、精准脱贫、污染防治的攻坚战，全面建成小康社会的收官之年，是我国"两个一百年"奋斗目标的历史交汇点，具有里程碑意义。中国企业以什么样的状态迎接新时代、开启新征程？坚定推进企业社会责任管理，依然是一流中国企业彰显时代担当的最有力回答。企业社会责任只有进行时没有完成时，一流的中国要有担当时代责任的勇气、创新进取的决心，勇做时代的弄潮儿，不断在企业社会责任和可持续发展道路上取得新突破。这是世界可持续发展的趋势所向，也是中国企业走向世界、实现可持续发展的必由之路。

习近平总书记指出："只有积极承担社会责任的企业才是最有竞争力和生命力的企业。"创新社会责任管理将是企业积极承担社会责任的有效路径，是实现责任竞争力和长久生命力的新法门，希望这套社会责任管理之道丛书能为企业发展贡献绵薄之力。

企业社会责任管理无论是理论上还是实践上，都是一个新生事物，本《丛书》的编写无论是理论水平还是实践把握，无疑都存在一定的局限性，不足之处在所难免，希望读者不吝提出改进意见。

丛书总编辑
2020 年 5 月 20 日

自　序

以 2006 年发布中央企业首份社会责任报告为起点，国家电网公司致力于从管理变革视角推进社会责任实践。

立足国情和电网企业实际，2007 年，国家电网公司发布了我国首个企业履行社会责任指南，对系统构建社会责任管理体系做出了总体部署，为公司社会责任管理提供了重要的顶层设计。

以指南为指引，从 2008 年开始，国家电网在公司总部、省、地市、县四级单位启动全面社会责任管理试点。

作为全面试点阶段的标志性成果，2012 年 6 月，国家电网公司印发《全面社会责任管理推进工作方案》，在经营覆盖区域 27 个省市各选择一家地市级供电企业作为试点单位，并要求深入开展"15333"工程。

为了更好地推动社会责任融入战略运营和生产经营管理，2015 年 1 月，国家电网公司下发《关于组织实施社会责任根植项目制的指导意见》，深化社会责任根植基层。

在梳理总结供电企业全面社会责任管理工作经验的基础上，2017 年，国家电网公司出台社会责任示范基地建设标准，着手建设一批社会责任管理、根植、履责示范基地。

从全面社会责任管理四级试点到全面社会责任管理 27 家试点，到累计实施 849 个社会责任根植项目，再到首批 11 家全面社会责任管理示范基地，每一步新的迈进都是对全面社会责任管理"全员参与、全过程覆盖、全方位融合"的探索求解。

以"试点先行、务求实效、根植基层、创造经验"为路径，国家电网公司通过总部、网省公司、地市公司、区县公司直至基层班所的全面社会责任管理层级贯穿，自上而下层层指引，让全面社会责任管理落地。在全面社会责任管理推进的每一个阶段，一份份指导性文件为全面社会责任工作提出了精细化、操作化的要求与评价，为全面社会责任管理实践提供了方向性的把控和指引。而试点单位、根植项目实施单位被激发出的创新及更紧密结合各地业务实际的实践又为社会责任管理注入了鲜活的力量及修正的机会。自上而下地全面指导、自下而上地主动融入，为全面社会责任管理带来了双向的良性驱动。

在国家电网公司这样体量庞大、层级众多而又经营同质化的企业，融入社会责任管理的新理念并非易事。为解决社会责任工作的动力问题，国家电网公司摒弃传统的硬管理方式，更多地通过榜样和示范项目在公司内部营造责任争先的氛围，从"有条件，有意愿"单位的试点，在50多个省公司和直属单位、200多个地市级单位、1400多个县级、10000多个站所中，树立标杆、榜样。通过发挥示范、标杆带动的力量，以及具有说服力的成效，不断梳理、总结阶段性成功所带来的正向反馈，内生出不断变革的动力。

经过十余年的不断探索，国家电网公司"双向驱动、示范引领"型社会责任管理推进工作之道渐次清晰，步伐越发稳健。这为如何在一个特大型企业引入社会责任这种新型管理方式提供了借鉴，也为国家电网公司"建设具有中国特色国际领先的能源互联网企业"战略注入了负责任的可持续发展动力。国家电网公司以自身行动证明这一做法不仅可以实现价值的创造，更可将探索中积累的经验作为精神财富贡献社会，实现"有效知识供给"。

2

目　录

第一章 一份报告激起千层浪：
从信息披露通向责任管理

历史，总会在特殊的时间节点，铭刻出书写的价值。

2006 年 3 月 10 日，国家电网公司发布《国家电网公司 2005 社会责任报告》，这是我国中央企业对外正式发布的第一份社会责任报告。这个意义非凡的"第一次"受到了包括中央领导在内的社会各界的高度评价。温家宝总理批示："这件事办得好。企业要向社会负责，并自觉接受社会监督。"

时间再早一点，2006 年 1 月新修订的《公司法》第五条要求公司"承担社会责任"。同年 10 月，党的十六届六中全会通过的《中共中央关于构建社会主义和谐社会若干重大问题的决定》倡导包括企业在内的各种组织通过履行社会责任，参与和谐构建。

以这三大事件为标志，2006 年成为中国企业社会责任发展元年。中国企业社会责任发展从此站上了新的起点——企业要不要履行社会责任不再是一个争议的问题，企业应当履行社会责任开始得到普遍的认同。

作为特大型国有企业，国家电网公司主动举起履行社会责任的旗帜，与中国企业社会责任发展共振，并非偶然。

"企业社会责任"作为一个舶来概念，在中国经历了从陌生到熟悉、从浅显到深入、从被动实践到主动、从自发到自觉、从引进到创新的过程。

经济全球化的浪潮带来了世界财富的巨大增长，也带来了经济发展不平衡、资源枯竭、环境恶化、贫富差距加大、信息鸿沟等严峻的问题。在这种形势下，现代企业社会责任理念逐步兴起，并成为引领和规范新一轮商业竞争和贸易往来的新语言和新规制。在中国日益融入经济全球化的进程中，这一理念也伴随着全球供应链的发展对中国企业产生了重要影响①。

随之而来的是"是否是新的贸易壁垒""是企业办社会吗""企业负担论"等对企业社会责任的认识和必要性的争论，这些争论在较长一段时间里成了关注焦点。

视野成就高度。2002年底成立的国家电网公司有着"建设世界一流电网，建设国际一流企业"的远大目标，其视野也更高远。国家电网公司敏锐地意识到，兴起于20世纪80年代的企业社会责任运动，随着经济全球化进程的深入，正在形成持续发展的国际潮流，尤其是国际一流跨国公司开始把社会责任上升为公司战略，并将其视为公司核心业务运作的重要组成部分。社会责任竞争已经成为继价格竞争、质量竞争之后，新一轮国际竞争的标志②。

这与中国经济全球化的进程是一致的。科学发展观与和谐社会的提出，标志着我国经济社会发展方式的重大转变，对我国企业发展方式的变革提出了明确的要求③。企业社会责任以推进企业与经济、社会、环境的和谐发展，追求综合价值最大化为核心目标，以人为本，有效管理

① 《中国企业社会责任发展报告（2006-2013）》，企业管理出版社2014年版。
② 《国家电网公司2005社会责任报告》。
③ 《国务院国资委管理提升读本》。

企业运营对社会和环境的影响，实现的恰是企业发展方式的转变。

作为关系国家能源安全和国民经济命脉的国有重要骨干企业，国家电网公司肩负着十分重要的政治责任、经济责任和社会责任。[①]

在公司成立之初，国家电网就确定了"服务党和国家工作大局、服务电力客户、服务发电企业、服务经济社会发展"的企业宗旨，"以人为本、忠诚企业、奉献社会"的企业理念，实行全方位的服务，承担全方位的责任。

在国家电网公司看来，履行社会责任，对外是承诺、是信誉、是责任，对内是公司奋斗目标、是统一公司智慧与力量的旗帜[②]；既是中央企业做强做优和实现可持续发展的客观要求，也可以为公司和电网发展赢得各方理解、信任和支持，有助于国家电网公司建设"一强三优"现代公司，推进公司和电网发展方式转变。

紧跟全球发展潮流、把握国家发展脉搏，以及基于对自身使命的深刻认知，成为国家电网公司以创新行动直接推动中国企业社会责任深入发展的原动力。国家电网公司在随后的十多年，一直勇立潮头，在中国企业汇成强大的、与世界企业发展同步的时代潮流中，打开了中国波澜壮阔的社会责任发展画卷。

第一节　社会责任报告的"井喷"

短短数年间，以编发社会责任报告为标志的责任运动就成为中国企业令人瞩目的风景。

国家电网公司的首份社会责任报告第一次让公众从责任的全新视角

---

① 《国家电网公司 2005 社会责任报告》。
② 刘振亚：《中央企业要做承担社会责任的表率》，《学习与研究》2006 年第 7 期。

近距离地接触到中国的国有企业。虽然彼时，作为企业社会责任发展的有效梳理和印记，社会责任报告仍方兴未艾，然而在短短数年间，中国各级政府、企业和社会各方在企业推进企业社会责任发展方面做出了令世人瞩目的成绩，最亮眼的表现就是：中国企业成为全球社会责任报告的重要组成部分。

2006年，中国企业只发布了33份社会责任报告。而到2009年，这一数量升至539份，这一"井喷"式增长的态势持续，2011年中国企业社会责任报告进入千份时代，达到1091份，至2017年已有2027家企业发布社会责任报告①。中国企业发布的责任报告无论从数量上还是内容上，都成为全球社会责任运动的后起之秀。

尽管有不少人认为责任不是"报告"出来的，但社会责任报告所发挥的见证历史、记录业绩、传播理念、沟通信息、量化责任、监督制衡、提升管理、改善形象、促进企业可持续发展的关键性作用②，使其成为政府、企业及行业组织推进社会责任工作的重要抓手。

为推动中央企业发挥履行社会责任的表率作用，国务院国资委积极引导中央企业发布社会责任报告，以提升中央企业社会责任工作的能力和水平。2006年以来，中央企业每年发布的社会责任报告均呈递增态势，2012年中央企业实现社会责任报告100%发布，包括国家电网公司在内的一大批中央企业坚持发布10年以上的社会责任报告。通过发布社会责任报告，中央企业不仅就其履行社会责任的理念、制度、措施和绩效进行了较为充分、系统的披露，提升了与利益相关方沟通的水平，同时也将社会责任报告作为企业推进社会责任管理、持续改进社会责任

---

① 《金蜜蜂中国企业社会责任报告研究2017》。
② 李文、杨静：《责任当"报"——中国企业发布社会责任报告势头迅猛》，《WTO经济导刊》2007年第7期。

工作、提升管理水平和竞争力的重要工具①。

　　这对中国企业及非企业的组织以发布报告为先导，披露履责信息，增强透明度及与利益相关方的沟通，进而强化责任管理和深入实践起到了重要的带动和示范作用。如果说2009年中国企业发布社会责任报告较之前大幅增长是第一次"井喷"，那么2012年中国非企业组织以345份社会责任报告占当年社会责任报告近18%的比例，迎来了非企业组织报告的"井喷"，而这也标志着社会责任报告在中国进入一个新的发展阶段，也在某种程度上标志着中国社会责任发展进入企业、社会和政府共同发展的新时期②。

第二节　社会责任管理的波澜

　　社会责任的发展为中国企业提供了同西方管理者在同一起跑线上发展新型经营管理之道的难得机遇。而不少企业也抓住了这一机遇。

　　国家电网公司成功发布了我国首份企业社会责任报告，引起了社会的强烈反响。这为公司创新探索社会责任管理工作提供了重要动力。立足国情和电网企业实际，国家电网公司致力于从管理变革入手推进企业社会责任实践，坚持走有中国特色的社会责任管理创新之路③。

　　这样的自主探索实属难得。尽管管理理论的发展经历了100年的历史，企业社会责任的思想也经历了100年的发展，但企业社会责任管理能否作为一个管理思想在企业管理的殿堂占有一席之地、登上历史舞

---

① 陈锋：《以报告促进管理：中央企业社会责任报告的多重价值》，《WTO经济导刊》2012年第6期。
② 殷格非、于志宏、赵钧：《中国企业社会责任发展这些年》，《WTO经济导刊》2015年第5期。
③ 《企业社会责任管理辅导手册》。

台，并未达成共识。更多的专家或许认为企业社会责任最多只是一个理念问题，更谈不上成为一种管理。在企业，很多社会责任从业者也为此苦恼，企业社会责任不是一个专门的管理领域，在企业的管理实际中既没有地位也得不到认可①。

企业社会责任对企业本质做出了完全不同的解读，认为企业是不同社会主体实现其多元价值追求的社会平台②。这势必是对"追求股东价值至上，实现利润最大化目标"的企业管理模式的根本性变革。作为一种全新的管理思想，企业社会责任管理通过对企业管理理念、管理目标、管理对象和管理方法等的系统重塑，最大化地为利益相关方创造经济、环境和社会综合价值。但如何认识进而把其作为一套管理工具有效地引入企业现行管理体系中，这在全球都是一个新的课题。中央企业再次走在了前列。

在编制社会责任报告的过程中，许多企业就成立了专门机构，组建了专业队伍，提供了专项经费保证，制定了相关工作制度和流程，以确保报告的顺利编制和发布。随着社会责任工作的深入开展，如社会责任战略规划、指标体系、绩效评价等相关工作职责和任务也在增多，这些基于社会责任报告编制的人、财、物方面的资源支持成为中央企业建立社会责任管理体系、系统深入地开展各项社会责任工作的基础③。

---

① 殷格非：《企业社会责任需要管理体系吗》，《WTO 经济导刊》2017 年第 12 期。
② 李伟阳、肖红军：《全面社会责任管理：全新企业管理模式与旧模式存在五大区别》，《WTO 经济导刊》2010 年第 2 期。
③ 陈锋：《以报告促进管理：中央企业社会责任报告的多重价值》，《WTO 经济导刊》2012 年第 6 期。

2012 年 3 月，国务院国资委将加强社会责任管理作为中央企业管理提升 13 项专项内容之一；6 月，国务院国资委开展中央企业社会责任管理提升培训活动，国家电网作为三家代表之一在会上交流了开展社会责任管理的经验和体会，加之银行业金融机构和工业行业纷纷开始推动社会责任管理，中国开始进入企业社会责任管理时代①。

中国一批一流企业开始探索推进社会责任管理服务与企业可持续发展的新路径，形成了丰富多彩、成效显著的企业社会责任管理推进模式。

无论是国家电网公司示范驱动型全面社会责任管理之道，还是社会责任标准驱动，抑或是文化驱动、社会责任主题驱动、战略驱动……这些来自中国中央企业的探索正在创新企业管理的历史。

在"十三五"期间，中央企业还会在此基础上形成一批社会责任管理体系较为完善的优秀企业，形成一批引领行业履行社会责任的优秀企业，形成一批模范履行社会责任具有国际影响力的优秀企业。管理科学是一门实践性很强的学科，有大量中国企业实践的基础就有可能探索出相应的管理思想和理念。在中国企业的带动下，企业社会责任管理或许将登上世界企业管理的历史舞台②。

---

① 殷格非：《2012：中国企业社会责任管理元年》，《WTO 经济导刊》2012 年第 7 期。
② 殷格非：《企业社会责任需要管理体系吗》，《WTO 经济导刊》2017 年第 12 期。

第三节　国家电网公司的领跑

以发布社会责任报告为起点，国家电网公司自觉履行社会责任、追求可持续发展的内在热情被点燃和激发。

报告领跑：2006 年，发布中央企业首份社会责任报告。2007 年 1 月 18 日，邀请中国企业联合会联合发布《国家电网公司 2006 社会责任报告》，首开委托第三方组织发布企业社会责任报告的先河，这份报告提出了原创性的国家电网公司社会责任理论模型。

理念领跑：从 2005 年报告的六大角色、六大使命、十方面内涵，发展到 2006 年报告的八大角色、八大使命、十二方面责任，国家电网对公司的定位和使命的认识不断深化、丰富和完善。2007 年 5 月，在国内企业中首次提出全面、全员、全过程、全方位推进社会责任工作。

研究领跑："我们不仅要为社会创造物质财富，而且要为社会创造精神财富和知识财富。"2006 年，"国家电网公司社会责任工作研究"作为公司重大软课题，在中国企业首开系统组织研究企业社会责任之先河。2007 年 4 月，提出了系统的企业社会责任定义，明确界定了企业履行社会责任的内涵、外延、方式与本质。2007 年 11 月，国家电网公司"企业社会责任指标体系研究"项目获得国家科技部软科学研究立项，国家电网公司成为企业社会责任研究项目入选国家立项的第一家企业。

　　实践领跑：2004 年底，国家电网公司提出转变电网发展方式，建设以特高压电网为骨干网架、各级电网协调发展的坚强电网，为充分发挥电网电力输送和网络市场功能，在全国乃至更大范围内优化配置能源资源提供可能与支撑。着眼集团整体效益，实现对集团内部资源的高效整合和优化配置，国家电网公司大力实施公司发展方式转变，推行集团化运作、集约化发展、精细化管理、标准化建设。国家电网公司社会责任实践的创新吸引了国际的目光，美国《时代周刊》对国家电网进行了专访，国家电网在《财富》全球 500 强企业社会责任的排名得到较大幅度提升。①

　　这一系列的领跑，也让国家电网公司深刻认识到，即使是在国外，已有的企业社会责任理论研究也不成熟，并落后于国际一流公司的管理实践，与企业社会责任的国际社会期望也不相匹配。国家电网公司无法简单地沿用任何现成的社会责任管理和实践模式，因为每一家企业的责任之旅都是独特的，需要有针对性地开展。

　　2007 年发布的两份文件为国家电网全面社会责任管理的推进发挥了重要的奠基性作用。其中，一份是当年 5 月国家电网公司下发的《关于进一步深化公司社会责任工作的通知》，在国内企业中首次提出全面、全员、全过程、全方位推进社会责任工作。②

---

① 《社会责任路上的领跑者——国家电网履行社会责任调查纪实》，《WTO 经济导刊》2007 年第 12 期。

② 殷格非、于志宏、李伟阳、程洪瑾、崔征、李明秀、王潇、崔怡：《国家电网公司：责任表率》，《WTO 经济导刊》2007 年第 12 期。

全面：无论是建设和运营电网的生产经营体系，人力、财务职能管理等支持体系，还是资产生命周期管理，每一个系统、每一个方面都要落实履行社会责任的要求。

全员：各部门、各层级和各岗位的所有员工都要有意愿、有能力落实社会责任管理要求，将社会责任管理理念转化为具体行动，并在此基础上，努力将社会责任管理理念拓展到外部利益相关方，携手外部利益相关方共同推进可持续发展，合作创造综合价值最大化，形成内部员工和外部利益相关方共同发挥作用的最广泛的全员参与。

全过程：将社会责任管理要求融入生产经营的每一个环节和职能管理体系，覆盖企业价值链的所有决策和活动，优化企业生产运营流程和职能管理体系。

全方位：将社会责任管理要求融入到使命和价值观确定、战略制定、规划制定、综合计划制订、全面预算编制、绩效考核和全员绩效管理等公司日常运行机制的全部环节，从思想、战略、组织、制度和考核各个方面实现社会责任管理的闭环循环，优化企业日常管理流程。

另一份则是 2007 年 12 月国家电网公司组织发布的我国首个企业履行社会责任指南《国家电网公司履行社会责任指南》（以下简称《指南》），正式从管理视角认识和实践企业社会责任，在国内首次提出完整的社会责任管理体系①。《指南》较 2006 年社会责任报告，更为系统、完整地回答了国家电网公司履行社会责任的四个基本问题：一是公司履行社会责任的含义；二是公司履行社会责任的动力；三是公司要履

---

① 《国务院国资委管理提升读本》。

行哪些社会责任；四是公司应如何履行社会责任。

《指南》为国家电网公司推进社会责任管理提供了重要的顶层设计，成为公司对社会责任工作做出总体部署的首份制度性文件①，也是公司全面、全员、全过程、全方位地推进社会责任工作的重要标志。正如其前言所明确提出的："国家电网公司各部门、各单位要按照《指南》的要求，结合各自实际，加快推进公司社会责任管理体系建设，推动广大员工在日常工作中自觉落实履行社会责任的要求，提高履行社会责任、推进可持续发展的能力与水平，最大限度地实现公司发展的经济、社会和环境的综合价值。"

2008 年 5 月，国家电网公司欧洲企业社会责任考察组成行，这是我国第一个以企业社会责任为主题的企业考察组。在交流中，欧洲同行对于国家电网公司制定的《指南》和社会责任路线图给予了很高评价，认为《指南》具有重要的理论创新和实践指导意义，对欧洲企业具有重要的借鉴作用②。

国家电网公司认为，全面社会责任管理是确保企业发展、充分考虑社会和环境因素及可持续发展要求、自觉追求综合价值最大化的全新管理模式。

作为一种新的管理模式，全面社会责任管理以持续探索、导入、检验、完善科学的企业社会责任观为前提和指导；以推进可持续发展，追求经济、社会和环境的综合价值最大化为目标和标准；以实现社会责任管理的"全员参与、全过程覆盖、全方位融合"为手段和方式；以"通过透明和道德的企业行为，有效管理企业决策和活动对利益相关方、社会和自然环境的影响"为中心；以"树立全面履行社会责任的

---

① 《国务院国资委管理提升读本》。
② 殷格非、王潇：《建设负责任的现代公司——访国家电网公司王敏》，《WTO 经济导刊》2008年第 6 期。

企业使命、价值观和可持续发展战略，并在企业决策、制度流程、业务运营、日常管理、运行机制和企业文化中贯彻落实社会责任管理理念，充分发挥各方合作推进可持续发展的积极作用"为内容[①]。

推进全面社会责任管理，国家电网公司希望达成的目标也很明确，那就是积极推动企业全面提升综合价值创造能力、运营透明度和品牌美誉度，使企业成为依法经营、诚实守信的表率，节约资源、保护环境的表率，以人为本、构建和谐企业的表率，以及推进企业与社会、环境和谐发展的卓越组织和全社会企业的榜样[②]。

全面社会责任管理是一项管理理论和实践的探索与创新，同时又涉及企业内外部各利益相关方的认知认同和参与互动，因此是一项艰巨、复杂、漫长的变革工程。正是清楚地认识到这一挑战，国家电网公司没有急功近利地追求"一蹴而就"，而是通过顶层设计、统筹规划、全面推进与试点示范、标杆驱动、重点引领相结合，一步一个脚印地探索，每一次创新实践都凝聚着公司作为责任央企推进全面社会责任管理的艰辛和坚持[③]。

2008 年，以《国家电网公司履行社会责任指南》为指引，国家电网公司确定了"试点先行、务求实效、根植基层、创造经验"的推进路径[④]，分别选择天津市电力公司、江苏无锡供电公司和浙江嘉兴嘉善县供电局开展试点，形成了公司总部、省公司、地市公司和县公司的全面社会责任管理四级试点。

为规范推进试点，国家电网公司不断建立健全试点工作制度。2009年下发了《关于进一步开展公司全面社会责任管理试点工作的通知》和《深化市县级供电企业全面社会责任管理试点工作方案》，对地市级

---

① 《国务院国资委管理提升读本》。
②③ 《企业社会责任管理辅导手册》，北京教育出版社 2012 年版。
④ 胡婧：《电网企业责任"根植"的几点启示》，《WTO 经济导刊》2015 年第 10 期。

和区县级供电企业开展试点提出了明确要求和具体意见。

来自试点单位的实践又进一步推动全面社会责任管理的拓展和深入。在总结天津市电力公司、无锡供电公司嘉善县供电局试点经验的基础上，2010 年制定了《国家电网公司责任根植基层方案》，2011 年在《关于加强公司社会责任工作的指导意见》中，国家电网公司从制度上分 12 个方面部署加强社会责任工作，要求各省公司在 2011 年底之前选择至少一家地市公司开展试点，并要求所有省公司于 2012 年 5 月底前向社会发布年度社会责任实践报告，公司全面社会责任管理进入全面试点阶段。

作为全面试点阶段的标志性成果，2012 年 6 月，国家电网公司印发了全面社会责任管理推进工作方案，在每一家省公司都确定一家地市级供电企业作为国家电网公司的试点单位，并要求 27 家试点单位深入开展"15333"工程，在推进单位制定和实施"一个"可持续发展战略，推动社会责任管理融入"五大"体系建设，推动决策管理、流程管理和绩效管理"三项"基础管理融合社会责任管理理念，开展公益管理、利益相关方管理、沟通管理"三项"社会责任专项管理，系统梳理特色履责实践、管理实践和履责故事"三方面"管理成果。

随着全面社会责任管理试点工作的推进，社会责任理念、工具都已经明确，但全面社会责任管理怎么管、具体工作怎么开展依然是个值得研究的问题。尤其要推动社会责任在基层单位的落地，仍然需要对企业社会责任理念、理论、工具、方法进行细化、深化，需要更多的经验、案例、榜样和示范项目，让更多的人有切身体验，并真正理解、掌握、应用。

自 2013 年起，国家电网公司开始尝试创新社会责任项目化管理，要求各网省公司每年明确重点社会责任项目。2014 年，这一要求延伸至地市供电企业试点单位。这些单位需要围绕问题导向、价值导向、传播导向，每年选择重大履责议题，运用项目管理方式，推进社会责任根植。2015 年，公司印发了《关于组织实施社会责任根植项目制的指导意见》，明确了社会责任根植项目制的组织形式、价值和意义，要求将社会责任根植项目制管理进一步延伸至地市供电公司，并鼓励有条件的县级供电企业实施根植项目。

在 2013～2015 年工作积累的基础上，国家电网公司开始每年进行评优表彰。截至 2017 年，持续推出累计 849 个具有示范效应、可借鉴、可推广、可传播的优秀根植项目成果。自 2016 年开始，社会责任根植项目制已经成为国家电网公司一个常态化的工作机制。2017 年，国家电网公司引导各单位关注社会责任管理全员参与、全过程覆盖、全方位融合中的空白领域，实施社会责任根植项目，推进公司全面社会责任管理的不断完善。

但与如火如荼地推进全面社会责任管理的实践相伴的，是这一新的管理模式给企业带来的挑战。如何实现管理思想的变革，进而实现行为方式的变革，对于一个拥有 160 多万名员工的特大型企业来说更非易事。在全面社会责任管理试点开展的过程中，国家电网公司也面临着试点成效参差不齐、试点单位与非试点单位履责意愿差异悬殊的难题。

2016 年开年，国家电网公司设定了"持续深化国家电网公司社会责任理论研究、梳理总结供电企业全面社会责任管理工作模式"的目标，开展社会责任示范基地建设被纳入议事日程。2016 年起，国家电网公司在梳理总结供电企业全面社会责任管理工作模式经验的基础上，开始研究制定社会责任管理评价标准，希望通过选树试点、推广、应用工作典型，建设一批社会责任管理、根植、履责示范基地。

2017 年，国家电网公司制定出社会责任示范基地评价办法，在获评优秀案例的县（市）级及以下单位和全面社会责任管理试点单位中持续完善全面社会责任管理体系，择优建立国家电网公司社会责任管理示范基地，将其作为展示公司社会责任管理成果和履责实践的窗口。

从最初的四级试点到市级公司的全面试点，再到社会责任根植的全层级推广和示范基地的建设，通过发挥示范、标杆带动的力量，不断梳理、总结阶段性成功所带来的正向反馈，内生出不断变革的动力，这种示范驱动型的社会责任管理推进模式正在国家电网公司展现成效。

自第一份社会责任报告发布，十余年的时间里，国家电网公司以一项项扎实而又前所未有的探索，带来了一场静悄悄的"管理革命"，推动着国家电网公司以清洁低碳、安全高效的发展理念，在新时代打造一个新型的国家电网、塑造一个崭新的国家电网公司，为美丽中国建设和人民群众美好生活做出贡献。

将社会责任理念融入原有企业管理理念，是一项重大管理模式变革。国家电网公司正在以坚定的信念，敢于率先、勇于率先、善于率先的激情，对创新的不懈追求，去挑战这一覆盖面广、历时漫长、充满挑战的系统工程。

这是值得被记录的历程。

第二章　全面社会责任管理试点大幕开启——里程碑式的迈步

第一节　领跑者的下一个目的地

在社会责任这条康庄大道上，国家电网公司是领跑者、领先者、奋力的搏击者。在这条道路上，国家电网公司一直高举社会责任旗帜。首先从顶层设计入手，用社会责任理念重新审视和解读了公司使命、公司战略。

丰富公司使命。从内部工作视角的"建设和运营电网"，发展到社会价值视角的"保障更安全、更经济、更清洁、可持续的能源供应"；从着重关注"服务国有资产保值增值，追求利润最大化"，发展到"服务经济社会发展全局，追求综合价值最大化"。

完善"一强三优"现代公司发展战略目标，拓展"强""优""现代公司"的内涵。电网坚强，不仅是物理属性的坚强，如网络坚强、技术领先，而且需要得到社会理解，适应社会期望和可持续发展要求，夯实电网发展的社会基础；资产优良，不仅要追求硬实力，而且必须提升企业综合实力，重视品牌形象、利益相关方网络等无形资产、道德资本、社会资本；服务优质，不仅要重视提升内部工作视角的供电品质，而且必须满足社会期望和利益相关方诉求，着眼提升用户价值视角的服务水平；业绩优秀，不仅要完成国有资产保值增值目标，保持一流的财务业绩，而且要统筹考虑经济、社会和环境因素，追求综合价值最大化；现代公司，不仅要实现技术领先和管理手段的现代化，而且要实现理念引领、价值引领、品牌引领，建设具有一流道德感召力和社会影响力的卓越组织（见图2-1）。

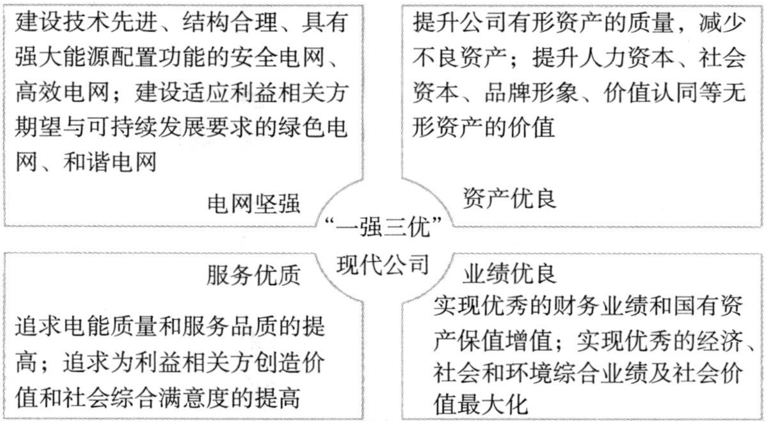

建设技术先进、结构合理、具有强大能源配置功能的安全电网、高效电网；建设适应利益相关方期望与可持续发展要求的绿色电网、和谐电网

电网坚强

提升公司有形资产的质量，减少不良资产；提升人力资本、社会资本、品牌形象、价值认同等无形资产的价值

资产优良

"一强三优"
现代公司

服务优质

追求电能质量和服务品质的提高；追求为利益相关方创造价值和社会综合满意度的提高

业绩优良

实现优秀的财务业绩和国有资产保值增值；实现优秀的经济、社会和环境综合业绩及社会价值最大化

图2-1 将履行社会责任、推进可持续发展的理念融入公司战略

资料来源：《国家电网公司2009社会责任报告》。

接下来，对于国家电网公司来说，需要更多创新、更多超越。应该怎么发展、走什么道路，能不能继续保持领先？在社会责任领域，还可以做哪些工作？国家电网公司一直在探索，不断提问，不断研究，不断回答，不断实践，不断总结。

2007年底，国家电网公司在准备第三份社会责任报告的过程中开始思考：第三年了，报告该怎么做？公司总部怎么做？公司各单位怎么配合编制？是否需要把这三年的经验进行总结、概括、归纳，形成一个规范的手册？于是，为了解决这些问题，着手编制一本手册。在编制手册的过程中，又逐渐意识到，这些问题不仅是如何编好一本社会责任报告的问题，而是怎么使社会责任这项工作更加科学化、理论化、系统化的问题。这首先应该从改变公司行为开始，然后才能完成一个好的报告。所以，首先需要出台一个公司履行社会责任的指导性文件。由此，中国企业第一本履行社会责任指南——《国家电网公司履行社会责任指南》（以下简称《指南》）应运而生。

《指南》产生了示范效应，在社会上受到广泛关注。但是，国家电网公司仍然在思考，这个《指南》不应该是一个花瓶放在这里，只是让大家来看。《指南》一旦制定出来，应该有配套的推动工作和具体实践，真正按照这个《指南》去做，唯有此，才能真正使这项工作更加深入人心，更加扎实地开展。

健全组织体系是开展工作的第一步。国家电网公司在总部成立了社会责任工作委员会和社会责任工作办公室。社会责任委员会负责制定社会责任工作使命和方针，由公司总经理担任主任，各位党组成员担任副主任，所有助理、总师、部门主任、各单位党政主要负责人全部进入委员会。社会责任工作办公室负责社会责任推进的日常工作，在系统所属单位成立社会责任工作领导小组，由各单位主要负责人担任组长，下设社会责任领导工作办公室，并以专职人员推进该项工作。①

接下来，工作怎么开展？过去，社会责任工作停留在总部层面，如何层层推进，逐级落地？将社会责任融入整个企业是艰巨的、复杂的，对于国家电网公司这样一个庞大的企业来说，面临的挑战更大。不能裹足不前，也不能贸然推行。开展试点无疑是一个可行的路径。

---

① 马治中：《国家电网：全面、全员、全过程、全方位履行社会责任》，《WTO 经济导刊》2008 年第 5 期。

怎么试？

层级不同，地域不同，利益相关方对电网和公司发展的期望不同、影响不同，参与方式也不同，企业履责能力与水平的区域差别也很大。因此，全面社会责任管理的方式、重点和策略各不相同，需要在不同层级和不同区域有针对性地开展试点，以便深入发现问题和全面总结推广。[①]

谁来试？

国家电网公司选择试点单位总体上考虑三个原则：代表性、先进性和创新性。通过试点工作，希望总结提炼不同层级推进全面社会责任管理的有效模式和经验，建立展示公司全面社会责任管理成效的不同层级示范窗口。试点单位应该基础工作扎实、领导锐意创新、认识比较到位，能够自觉贯彻《指南》要求[②]。

试什么？

试点单位就是要贯彻落实《指南》，以全员参与、全方位覆盖、全过程融合为目标，通过把履行社会责任理念全面融入企业使命、发展战略、日常运营和企业文化，融入组织结构、管理流程和管理体系，实现管理范围的全面覆盖和履责内容的全面落实，努力实现企业发展的经济、社会和环境的综合价值最大化。

基于以上思考，2008 年 4 月 30 日，国网天津市电力公司正式启动网省全面社会责任管理试点，2009 年 7 月，国网江苏无锡市供电公司和国网浙江嘉善县供电局先后启动了地市和县级供电企业全面社会责任管理试点。由此，公司总部、天津电力、无锡公司、嘉善县供电局四级试点的大幕全面开启。

[①][②]　王敏：《层层试点　责任根植》，《WTO 经济导刊》2010 年第 1 期。

第二节　总部试点——责任基建工程

随着社会责任工作的不断深入，国家电网公司越来越体会到将社会责任融入整个企业的艰巨性和复杂性。在总部开展试点，需要落脚在特定业务管理工作上，同时，总部试点也是探索将社会责任融入公司重大决策和重大行动中。国家电网公司全面推进建设特高压、智能电网、青藏联网工程等重大决策和重大行动，需要获得社会各界的了解、理解和支持，因此，在公司社会责任观的指导下，开始探索将社会责任全面融入电网建设的有效路径。

青海至西藏 750 千伏／±400 千伏交直流联网工程（以下简称青藏联网工程）全长 1774.2 公里，由西宁—日月山—乌兰—格尔木 750 千伏交流输变电工程、格尔木—拉萨 ±400 千伏直流输电工程及有关配套工程组成，是在世界上最高海拔、高寒地区建设的规模最大的输电工程。

国家电网公司将建设青藏联网作为贯彻落实国家"援藏援疆"战略的重大决策部署，以追求经济、社会和环境的综合价值最大化为目标，坚持安全、高效、绿色、和谐的履责要求，从工程规划论证开始，将社会责任融入工程建设全过程。

自 2008 年 4 月 29 日工程论证启动之日起，国家电网公司就坚持将青藏联网工程建设成为一条"负责任的电力天路"。在规划设计阶段，公司会同设计、科研、装备、施工和相关政府部门等，全面考虑经济、技术、安全、社会、环境等因素。在规划设计和设备招标采购过程中，坚持全面落实"环境友好型、资源节约型、社区和谐型"的"责任工程"要求，实现"安全建设零事故、工程质量零缺陷、高原病零死伤"的"责任工程"目标。在工程建设全过程，将全健康环境管理体系融入制度，重视技术攻关与管理创新，坚持以人为本与绿色施工，并且注重各方合作与沟通交流。

青藏联网工程的实践，初步形成了"坚持一大目标、贯彻四大要求、覆盖四大环节、落实五大支撑"的"责任基建"模式，成为国家电网公司的榜样工程（见图2－2）。

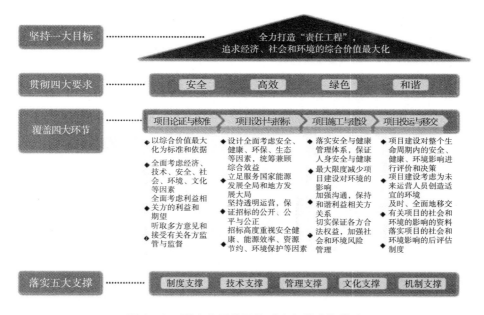

图2－2 国家电网公司的"责任基建"模式

坚持一大目标。电网基本建设具有特殊性，其根本目的是服务国家能源发展全局与地方经济社会发展大局，追求经济、社会和环境的综合价值最大化。因此，项目建设不仅要考虑经济效益或财务价值，而且要创造经济、社会和环境的综合效益，追求综合价值最大化。

贯彻四大要求。"安全、高效、绿色、和谐"是国家电网公司将社会责任融入整个企业的总体要求和全面体现，落实到电网基本建设领域，就是要求电网建设要从项目论证开始，至规划设计、招标采购、施工建设、投运移交，乃至生命周期评价的项目建设全过程，全面考虑经济、技术、社会、环境等因素，保证建设项目与利益相关方、社区的和谐，与自然环境的和谐。

覆盖四大环节。将社会责任理念与要求全面融入项目论证与核准、项目设计与招标、项目施工与建设、项目投运与移交全流程的各个环节，明确具体要求和考核目标。

落实五大支撑。加强和落实将社会责任全面融入电网建设的通用制度建设，落实制度支撑；开发有效管理电网建设对社会和环境的影响的通用技术、工艺和设备，落实技术支撑；在电网建设过程中有效管理电网建设对社会和环境的影响，落实管理支撑；培养利益相关方视野和环境视野，全面建设责任文化，落实文化支撑；内部着重健全完善综合绩效机制，外部着重健全完善关键利益相关方参与机制和社会监督机制，落实机制支撑。

责任基建工程，是从社会责任融入公司重大决策和重大行动层面入手，探索实现全员参与、全方位覆盖、全过程融合的一次尝试，不仅为社会责任进一步根植电网建设领域提供了管理和实践范本，同时也为将社会责任融入其他各专业带来了有益启发。

第三节　省级试点——合作
共赢心连心

"十一五"期间，天津市电力公司企业素质全面提升，外部环境不断优化，取得了前所未有的跨越式发展，进入公司发展史上成长速度最快、综合效益最好、外部环境最佳的时期。由于较好的社会责任工作基础，天津电力被确定为网省公司全面社会责任管理试点。

探索网省公司全员、全过程、全方位地推进社会责任管理工作的有效模式，是天津电力试点的核心目标。作为关系天津经济社会发展的重要基础产业，天津电力需要将电网的发展放到适应天津经济社会腾飞的大局中去谋划和部署，同时，作为受到政府严格监管和全社会高度关注的公用事业企业，电网的建设和运营需要全社会的共识与合作。获得社会各界对电网发展的广泛理解和大力支持，对作为省级管理单位的天津电力来说至关重要。

如何启动？从何入手？怎样推进？

天津电力首先召开专题研讨会，要求各部门结合全面社会责任管理试点，就如何更好地开展社会责任工作进行深入讨论。明确了开展试点的几方面要求：理解和认同社会责任的理念，建立和完善履行社会责任的管理体系，将履行社会责任的要求全面融入公司各项工作，确保社会责任试点工作出成果、见实效。天津电力将试点工作时间分为三个阶段：宣传发动阶段（全员宣贯），召开试点工作启动会、组织培训研讨、利用信息化手段广泛宣传社会责任理念、制订全员培训计划。全面实施阶段（全过程、全方位融入），梳理和评估公司履行社会责任内容及现状、完善公司社会责任管理制度和体系、编制公司履行社会责任典型案例集、编制《天津市电力公司社会责任工作手册》、编制《天津市电力公司 2007 社会责任报告》。总结推广阶段，总结试点工作任务完成情况、配合国网公司组织对试点的考察调研活动、系统展现公司履行社会责任成果。

按照三个阶段的推进计划，经过两年试点，天津电力完成了一系列工作成果：

提出一个社会责任愿景。早在 2006 年 1 月 12 日，天津电力就正式启动"天津电力心连心工程"，架起了天津电力与广大客户之间的"连心桥"。实行全面社会责任管理试点后，基于对省级公司管理与实践特点的分析，天津电力考虑侧重建立健全利益相关方参与机制，建设和谐的利益相关方关系，"天津电力心连心工程"等实践经验被提炼升华为"合作共赢心连心"的社会责任核心理念。

总结提炼两个模式。目标模式——以全员参与、全方位覆盖、全过程融合为全面社会责任管理目标。推进模式——按照 PDCA 循环设计，包含确定高标准、评估现状、制定方案、全面推进、持续改进、衡量反馈在内的基本步骤。

开展三项重点工作。编写《合作共赢心连心——责任创造价值》读本、《履行社会责任工作手册》和《全面社会责任管理实践案例集》。

提供四方面工作保障。建立社会责任工作组织体系——成立了社会责任领导小组和试点工作小组，聘请冯骥才、蒋子龙等社会名人担任公司社会责任顾问；建立社会责任制度保障体系；开展全员社会责任培训；加强公司履行社会责任宣传。

统筹策划重大社会责任活动。建成国内第一家融科技与博物于一体的电力专业展馆，面向社会公众免费开放，是天津市科普教育基地和青少年教育基地；2008 年，统筹策划天津有电 120 年系列活动，发布《合作共赢心连心》读本，举办《电力改变生活——天津有电 120 年》有奖征文活动；2009 年开展"迎国庆 60 华诞，展供电服务风采，创民生窗口单位"优质服务系列主题活动，开展客户走访、家电下乡、行风监督、"电与百姓生活"有奖读报、"纯电动电力服务车"进社区活动等。

以营销专业为突破口深化试点工作。探索社会责任管理与现有营销服务管理体系的有机融合，探索建立营销服务专业社会责任的指标体系，提升公司责任营销的能力和水平。

天津电力全面社会责任管理试点，通过"合作共赢心连心"的履责愿景，将利益相关方管理理念植入公司各专业、各层级及每一位员工的日常工作，推动全员参与、全方位覆盖、全过程融合目标的实现，最直接效果就是促进社会各界的理解和支持，提高全社会对电力行业的认知度，营造良好的运营环境。同时，增强了职工的荣誉感，提高了员工工作积极性和主动性。

天津电力试点不仅在直辖市内产生了广泛影响，也在国家电网公司系统内产生了辐射效应。2012年，1000公里外的国网江苏电力作为国家电网系统各项工作的"排头兵"，自发地开始深入研究建立省级电网企业的社会责任管理模式。从公司发展战略的高度全面导入社会责任进行管理，按照"价值引领、沟通驱动、双向融合、全面服务"的总体思路，建立社会责任工作机制，以社会责任理念带来的新的管理标准和管理方式促进管理效率的提升，提升公司创造经济、社会和环境综合价值的能力和水平，服务江苏经济社会发展（见图2－3）。

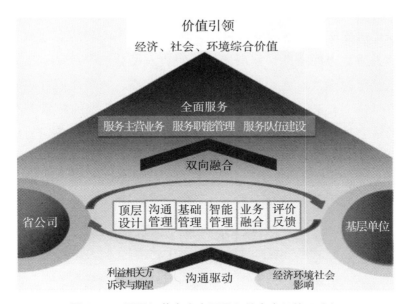

图2－3　国网江苏电力全面导入社会责任管理路径

基于电网发展和公司发展成效，江苏电力同时探索构建利益相关方感知、评价和反馈机制，将利益相关方感知融入业务运营调整，将机制用于评价和改进"三集五大"体系建设，不断提升社会责任工作服务利益相关方的能力和水平，实现经济、社会和环境的综合价值。

这些探索都走在了当时全面社会责任管理的最前沿。

第四节　市级试点——点亮品质生活

江苏无锡身处经济发达地区，已经率先向基本建成全面小康社会迈进。社会需求明显升级，广大百姓的环境意识和生活品质要求明显提升，经济社会发展方式面临升级转型。充分发挥电网企业作用，服务和支持无锡经济社会发展方式加快转型和人民群众提升生活品质，是无锡试点的重要任务。[①]

根植责任理念，形成管理共识。无锡公司在市公司层面试点，以服务和支持地方经济社会发展方式转型和人民群众生活品质提升为重点，充分考虑地方发展实际，结合企业自身特点和功能属性提出了责任宣言——"点亮品质生活"，即根据地区转型发展的要求充分发挥公司的核心功能、有效激发各利益相关方合作潜能，为无锡转型发展和提升人民生活品质提供坚强的动力支持、服务支撑（见图2-4）。

---

① 王敏：《层层试点　责任根植》，《WTO经济导刊》2010年第1期。

图 2 - 4　无锡供电公司《点亮品质生活》系列读本

坚持传承创新，推进管理实践。为扎实推进全面社会责任管理试点工作"落地生根"，公司结合日常管理工作实际编制《无锡供电公司全面社会责任管理工作规划》，明确开展试点工作的指导思想、工作目标、基本原则和工作思路，详述推进模式、工作准则、工作阶段、工作机制和重点工作。公司从履行社会责任的视角重新审视和认识工作，丰富原有工作观"业务＋改进＝工作"的内涵，创造性地提出了"Σ（业务＋改进）^{Re}＝工作$\cup$价值"的责任工作观，通过识别、理解和回应利益相关方的期望和要求，用社会责任方法改进业务工作，实现"内部工作外部化、外部期望内部化"。同时，公司创造性地提出"领导表率、专业融合、班组建设"的全面社会责任管理推进模式，使责任管理从上至下覆盖各管理层级，责任内容全面融入专业工作，责任意识传递至每一个基层员工，有效实现全员、全方位、全过程的全面社会责任管理。无锡公司内部有个比喻，平时做的每一件工作围绕社会责任实践，每一件工作就是一个珍珠，用社会责任这条线把珍珠串起来就是一条项链。珍珠有大有小，形状也不一样，项链好不好看？所以小珍珠要努力做大，不规则的要努力做圆，这样项链就会好看。

注重创新融合，创造管理价值。将履行社会责任融入实际工作、融入标准流程、融入日常管理，根据"必尽、应尽、愿尽"的责任分析法，从企业履行社会责任的视角新增、修订和完善管理标准和工作流程，引导员工在工作中履责、在履责中工作。通过启动"企业社会责任周"、开展内部责任管理课题实践、编制《全面社会责任管理手册》等，切实将全面社会责任管理与实际工作有机融合，努力实现工作价值的增值和管理价值的提升。

责任工作观的提出、管理推进模式的应用，为无锡公司试点带来了自上而下的层层变化，让广大基层一线的员工对自身工作的理解视角发生了转变、工作行为发生了变化，最大限度地推动实现"全员参与"的履责目标。

第五节 县级试点——责任 + 善未来

浙江嘉善县是全国县域经济发展的热土，是城乡一体化发展的先行之地，处于向"提前基本实现现代化"目标迈进的关键阶段。在南湖之滨的供电"红船服务队"因党的诞生地而命名，是嘉兴市电力局的力举品牌。

作为县级管理单位，嘉善县公司相对网省和市级单位管理体量较小、管理链条较短，更容易直接从管理层面实施试点，从管理到实践，推动全员、全方位、全过程履责。在原有质量管理、环境管理、职业健康安全管理的基础上，嘉善县公司创造性地将社会责任的内容转化为指标，并整合进原有管理体系，构建一整套社会责任管理指标和评价标准。

2008年初，嘉善公司在正式开展全面社会责任管理试点之前就明确提出："在通过了三标认证，满足了质量、安全和环境的基本要求的基础上，还需要注重满足相关方与社会的要求，履行社会责任，促进和谐社会发展。"试点启动后，嘉善公司制定了《社会责任管理工作长期规划（2008—2010年)》，并正式开展社会责任管理体系建设。

社会责任管理体系文件（包括手册和管理标准）与"三标"一体化管理体系文件（包括手册和管理标准）经过整合，具有相容性和互补性。两者不发生矛盾或相互抵触，在部门职能和岗位职责上协调一致。这样，"三标"一体化管理体系是为支撑企业社会责任管理而存在的。作为全局统一的社会责任管理体系，它包含"三标"一体化管理体系的所有要求。同时，加上社会责任管理所需的特殊要求，这就构成完整的社会责任管理体系。

在国家电网公司《履行社会责任指南》中拟定的12条的基础上进行综合、调整而成为8条，确定了社会责任范畴（见图2-5）。

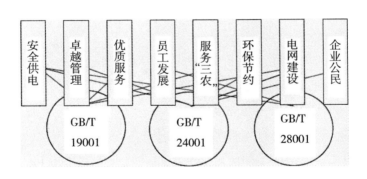

图2-5　社会责任范畴

自2009年试点开始，多年来，嘉善公司的社会责任探索持续深入开展。围绕"县级供电公司社会责任管理的落地应当推进到什么层级和什么程度、让基层和一线员工真正了解和运用社会责任的有效方法是什么、社会责任如何真正与业务共生"等问题进行思考，以ISO 9000质量管理、ISO 14000环境管理和OHSAS 18000健康安全管理这三个国际标准为基础，确立了一套具有全面性、安全性和前瞻性的《基于卓越绩效模式的全面社会责任管理体系》，并根据不同对象和主体的特点，采用点根植、线根植、面根植三种方法来推进责任根植到五大专业，以及责任驱动全能型供电所的建设。构建"责任 + 善未来"社会责任品牌，增进公司内外认同，塑造负责任的企业形象。

成效与启示

通过"总部—省—市—县"四级试点工作，各试点单位以全员参与、全过程融入、全方位融合为履责目标，初步找到了适合自身管理层级、发展背景、管理基础的推进模式，在实现"三全"目标方面取得了一定成效。同时，四级试点进一步检验和完善了国家电网公司全面社会责任管理理论体系，初步总结了"思想先导，管理支撑，行为变革，绩效提升，品牌卓越"的"责任根植基层"模式，为开展更大范围的试点积累了经验，而且也引领带动了企业社会责任实践向注重管理转型。

在全球最大的公用事业企业，创新性地开展全面社会责任管理试点，可谓里程碑式的进步。我们尝试从"五个有"总结这一时期国家电网公司全面社会责任管理的推进特点。

有指导。总部直接指导各级试点。从各级试点召开启动会、编制工作方案，到关键工作事项的研讨和推动，再到阶段性汇报和总结，都能看到总部人员的参与、直接指导和专业把关。试点探索任务艰难且艰巨，总部层面的深度参与、全过程指导不仅给试点单位提供了直接的智力支持、资源支持，同时带来了更大的信心和决心。

有推动。全面社会责任管理的探索是一个润物细无声的过程，其成效并非能够快速、直接显现，但是只要脚步不停歇，终将有花开。在这一过程中，及时总结，让成绩彰显，非常必要。四级试点的开展过程贯穿了大大小小阶段总结，尤其是总部直接组织的试点总结会，更是让试点单位收获了成长、看到了成绩、感到了荣誉。

有借鉴。国家电网公司认真跟踪世界一流企业社会责任创新实践，不仅组织了欧洲企业社会责任考察组，深入了解欧洲企业社会责任的发展情况，而且开展了为期三年的"世界企业社会责任理论与最佳实践研究"课题，出版《世界知名电力企业社会责任创新实践》。作为世界关注的全球最大的公用事业企业，国家电网公司的社会责任工作树立全球视野，立足全球化的高度进行思考和借鉴。

有动力。试点单位的选取说明内在动力是开展全面社会责任管理的前置因素。相比外在客观驱动力而言，企业内在动力，尤其是来自公司高层的认识和意愿，让社会责任工作可以更高效、更系统、更深入、更持续地推进。

有特色。全面社会责任管理是门科学，也是门艺术。其科学性在于要按照管理的客观规律来开展，有目标、有计划、有实施、有监督、有总结、有提升，循序渐进。其艺术性在于社会责任如何改变工作理念、改善工作行为、提升工作绩效。四个试点主体，依据管理基础、发展环境探索特色"植入"方式和特色路径，无论是"合作共赢心连心"的理念引领，还是"领导表率、专业融合、班组建设"的推进模式，抑或是三标一体的管理体系构建，都是以"全员参与、全过程融入、全方位融合"为最终目标，唯有此，才具有生命力和活力。四级试点的探索，目标一致却各有特色，正是最好的例证。

四级试点，带给我们以下启示：

·对于国家电网公司这样体量和规模的企业，开展社会责任管理的初期离不开自上而下的推动和指导。

·对于国家电网公司这样内部业务高度同质化的企业，开展试点是一个极具带动力和推动力的有效方式。

·实践证明全面社会责任管理大有可为，也可行。

·全面社会责任管理之路是丰富的，条条道路通罗马。

·全面社会责任管理之路是长期的、艰巨的、有挑战的。

里程碑式的一步迈出了，但这只是刚刚起步，推进全面社会责任管理之路将迎接更多难题和挑战。四级试点无疑取得了显著的成果，同时也提出了一个新问题：试点成果能否直接复制推广？答案显然是否定的。第一，四级试点时间尚短，尚未形成系统的且经过时间考验的通用工具模板；第二，四级试点成果不够成熟，在实现"三全"目标方面仍有很大的提升空间；第三，四级试点样本不够，难以兼顾不同区域、不同背景的各层级单位的实际情况；第四，从管理的角度，社会责任管理与业务管理、与职能管理、与制度绩效流程等通用管理如何有效融合，暂无实质性探索；第五，自 2005 年开始，国家电网公司逐渐深入开展"三集五大"体系建设，内部管理架构和业务格局都在调整变化。

在国家电网公司这样规模和体量的企业全面推进社会责任管理，一定是决策慎重再慎重、方案完善再完善，确保方向正确、管理高效、工具实用。因此，一场更进一步的试点工作正在孕育。

第三章 全面社会责任管理开枝散叶——从点到面的跨越

第一节 责任管理新征程

2011~2012 年，国务院国资委大力推动中央企业社会责任工作，发布《中央企业"十二五"和谐发展战略实施纲要》，提出和谐发展战略的内涵是以可持续发展为核心，以推进企业履行社会责任为载体，立足战略高度认识、部署和推进中央企业与社会、环境的和谐发展，为实现"做强做优、世界一流"目标提供支撑，同时明确提出实施转型升级、科技创新、国际化经营、人才强企、和谐发展"五大战略"（见图 3 -1）。

《中央企业"十二五"和谐发展战略实施纲要》	
提出以可持续发展为核心，以推进企业履行社会责任为载体，立足战略高度认识、部署和推进中央企业与社会、环境的和谐发展。	
1 围绕一个核心	**一个核心**：以可持续发展为核心
3 实现三个目标	**三个目标**：到"十二五"时期末，中央企业在经济、社会、环境方面的综合价值创造能力，社会沟通能力、运营透明度，品牌美誉和影响力三方面的目标
5 推进五个建设	**五个建设**：诚信央企建设、活力央企建设、绿色央企建设、平安央企建设、责任央企建设
20 落实二十项措施	**二十项措施**：针对"五个建设"的具体举措

图 3-1　《中央企业"十二五"和谐发展战略实施纲要》核心内容

资料来源：殷格非、林波、杜娟、蒋安丽：《"一生我爱你"：从责任到和谐》，《WTO 经济导刊》2012 年第 4 期。

发布《关于中央企业开展管理提升活动的指导意见》（以下简称《指导意见》），提出在中央企业开展为期两年的管理提升活动，加快推进中央企业管理方式由粗放型向集约化、精细化转变，全面提升企业管理水平，为"做强做优、培育具有国际竞争力的世界一流企业"工作奠定坚实基础。《指导意见》共明确了 13 个管理创新领域作为专项管理提升的重点，社会责任管理是其中之一。国家电网作为社会责任管理领域三家对标典型企业之一，要提供全面社会责任管理经验材料作为当年的中央企业社会责任工作会议材料，供其他中央企业对标学习。

国资委高度肯定国家电网公司全面社会责任管理工作，明确指出："国家电网的实践很好！国资委要加强对企业的指导，使更多的企业像国家电网一样，推动全面社会责任管理工作，更好地树立央企的良好形象。"

在外部的肯定和推动下，国家电网自我审视、全面谋划。时任总经理刘振亚对公司管理提升活动做出了全面部署，社会责任管理不仅直接是公司管理提升的重要内容，也是促进其他专业和领域管理提升的重要因素。国家电网社会责任工作一直走在中央企业的前列，但是与全球一流公司社会责任实践的最新发展相比，与国资委和公司党组的最新要求相比，与创建"世界一流电网、国际一流企业"的需要相比，与牢固树立"责任央企"表率形象、打造一流"国家电网"品牌的需要相比，还必须进一步深化提升，实现创新突破。

谋划在先。国家电网公司制定了全面社会责任管理"3I"规划，即 2006~2020 年，以五年为一个区间，分研发阶段（Introduction）、倡议阶段（Initiative）、融合阶段（Integration）三个阶段推进全面社会责任管理。倡议阶段（2011~2015 年）在前一阶段四级全面社会责任管理试点基础上，提出"在省、地市、县级供电企业广泛开展全面社会责任管理，总结电网企业全面社会责任管理通用模式"① （见表 3-1）。

---

① 参见《国家电网公司 2011 年社会责任报告》。

表 3 - 1　全面社会责任管理的"3I"规划

规划建设	任务目标	核心行动
研发阶段 （Introduction） 2006～2010 年	·建立社会责任报告发布机制 ·开展总部、省、地市和县级供电企业四级全面社会责任管理试点 ·研发全面社会责任管理一般模式	·2006 年 3 月，发布我国省份社会责任报告 ·2007 年 12 月，发布《国家电网公司履行社会责任指南》，首次提出"企业全面社会责任"管理模式 ·2008 年 4 月起，先后在天津市电力公司、江苏无锡供电公司和浙江嘉善县供电局启动了网省、地市和县供电企业全面社会责任管理试点 ·2009 年，开展国家科技支撑计划和国家软科学项目"企业全面社会责任管理模式"研究 ·2010 年 4 月 19 日，发布我国首个绿色发展白皮书
倡议阶段 （Initiative） 2011～2015 年	·在核心专业导入全面社会责任管理 ·在省、地市、县级供电企业广泛开展全面社会责任管理 ·总结电网企业全面社会责任管理通用模式	·2011 年 6 月，公司发布《未来企业的管理：全面社会责任管理》金蜜蜂 2020 倡议 ·2011 年 7 月，部署各省公司至少选择一个地市公司开展全面社会责任管理试点，要求各省公司建立年度社会责任实践报告发布机制 ·2012 年 1 月 12 日，发布我国首个企业价值白皮书 ·召开全面社会责任试点经验现场交流会，总结推广电网企业全面社会责任管理模式 ·开展全面社会责任管理全员培训，推动公司转变发展方案
融合阶段 （Integration） 2016～2020 年	·实现社会责任在公司各层级、各专业、各岗位的全过程覆盖、全方位融合、全员参与 ·开发新一代社会责任企业管理模式 ·合作推广全面社会责任管理模式	·健全完善公司全面社会责任管理体系 ·部署在各专业、各层级广泛实施全面社会责任管理 ·联合国内外机构发布新一代管理模式：企业全面社会责任管理 ·建立较为完善的公司透明运营制度和机制 ·参与国内外企业全面社会责任管理标准制定

因此，按照"深化全面社会责任管理"要求，大力推进社会责任工作转型，推动全面社会责任管理从"个别试点"转向"全面试点"，推动公司从"注重总结传播社会责任实践"转向"更加注重实施社会责任管理"，开创社会责任工作新局面。

第二节　"15333"工程指引方向
——目标明确，广泛试点

在个别试点基础上开展全面试点时机已经成熟。但是，作为责任领跑企业，方向不能跑错。全面试点将涉及更多的企业、更多的人员，在哪个层级试点、如何把控方向不出错、如何更有效地推进，是摆在国家电网公司面前需要审慎思考的课题。

省级公司是贯彻落实总部管理要求的第一线，是各个省内的管理中枢。县级公司是县域内电网工作的一线，以业务开展为主，直接对接各利益相关方。省级公司体量太大，县级公司管理内容不全面，而中间的市级公司既有管理职能，又有业务执行。因此，市级试点最为合适。

社会责任的履行离不开企业核心业务和内部运营。自2005年以来，国家电网公司持续推进人力资源、财务、物资集约化管理（"三集"），2011年进一步提出建设"大规划、大建设、大运行、大检修、大营销"体系（"五大"）。2012年正值国家电网公司大力推进"三集五大"体系建设时期，如何让社会责任服务于"三集五大"建设是必须考虑的问题（见图3-2）。

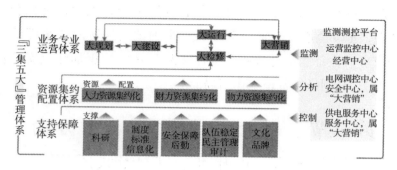

图 3 - 2   国家电网公司"三集五大"体系

2012 年 5 月 27 日，地标无锡，国家电网公司全面社会责任管理推进工作座谈会召开。一次热火朝天的出发即将开始。会议明确，在每一个省公司选择一家地市级供电企业开展试点，由此，试点单位扩展到 27 家。①

如果说，2008 年开始的全面社会责任管理四级试点是"摸着石头过河"，2012 年的这次试点则是在充分吸收四级试点的经验的基础上搭建了一座小桥，提供一条明确的试点路径——"15333"工程。

开展顶层设计，首先要求各级试点制定和实施"一个"可持续发展战略。可持续发展战略是全面社会责任管理的顶层设计，旨在充分反映企业全面履行社会责任，既是追求经济、社会和环境的综合价值最大化的核心领域、主要内容、重要行动和绩效目标，也是全面社会责任管理与其他管理相区别的最重要方面。

·国家电网公司战略制定逻辑和标准——明确制定可持续发展战略的基本逻辑和主要内容。

·优化业务发展战略——按照追求综合价值最大化的可持续发展战略要求，对公司业务发展战略进行全面优化。

---

① 《国家电网：理论创新 深度推进》，《WTO 经济导刊》2012 年第 6 期。

·利益相关方参与——积极推动关键利益相关方参与可持续发展战略的制定和实施。

在"三集五大"新体系建设基础上，同时吸收四级试点的实践经验，优先探索全面融入公司的核心生产运营全过程，开展"负责任的规划、负责任的建设、负责任的运行、负责任的检修、负责任的营销"。融入和服务"五大"体系建设，试点单位要做表率，创造社会责任管理融入和服务"五大"体系建设的有效实践、管理经验和长效机制。同时，在负责任的"五大"方面，提出了社会责任融入和服务的具体内容。以负责任的电网规划为例，要求该电网规划立足服务国家能源战略全局和地方经济社会发展大局，努力实现电网规划与国家能源规划、地方经济社会发展规划的统一与协调。电网规划充分体现电网可持续发展战略要求，追求科学发展、清洁发展、和谐发展、创新发展，服务清洁能源的大规模发展，全面考虑安全、健康、环保、生态等社会和环境因素，统筹兼顾经济、社会和环境的综合效益，落实节能、节地、节材要求，自觉建设资源节约、环境友好、发展和谐型电网。电网规划设计过程充分考虑利益相关方期望和社会各界要求，充分评估、分析和预防电网建设中可能出现的社会风险和环境风险，主动邀请关键利益相关方参与电网规划设计，保证利益相关方的知情权、监督权、参与权，全面保证电网建设的社会认可度，推动各方合作推进电网建设。

决策管理、流程管理和绩效管理是企业基础管理的三项内容，融合社会责任管理理念的公司决策管理和流程管理可以从源头确保社会责任有效融入，强化绩效管理有助于建立全面社会责任管理长效机制。推动公司重大决策不但考虑"技术可行、经济合理、能力可及"，而且考虑"社会接受、环境友好、价值优越"，优化管理理念、管理目标、管理内容、管理标准、管理程序、管理方法和管理制度。通过优化公司整体、各部门、各单位及各岗位的绩效管理体系，完善公司绩效考核的内容、标准与方法，建立健全保障公司深入开展全面社会责任管理的激励与约束机制。

在社会责任的探索阶段，公益管理、利益相关方管理、沟通管理"三项"社会责任管理专项工作既是公司管理的薄弱环节，也是公司推进管理创新的重要方向，做得好，完全能够做出特色、做出经验、做出亮点。

有探索，还要有成果，各省公司要指导试点单位总结提炼全面社会责任管理创新成果，向公司总部及时报送三方面的管理提升成果，包括特色履责实践、社会责任管理实践和社会责任感人故事，系统梳理"三方面"管理成果。

"15333"工程为 27 家试点单位明确了试点的目的地和路径。

第三节　成果总结——百花齐放，各领千秋

从报告到管理，从实践到故事。按照"15333"工程的明确要求，通过市级全面试点，公司全面社会责任管理模式的内核逐步得到充实，全面社会责任管理的要求与方法实现了在管理运营过程中的进一步落地，百家争鸣、百花齐放。

24 个省公司和多个地市公司发布了年度社会责任实践报告和服务经济社会发展白皮书，报告和白皮书的发布受到了地方政府和有关各方的充分肯定，引发了媒体的广泛关注。[①]

在社会责任管理融入和服务"三集五大"体系建设方面取得了一系列的成果。[②]

---

①② 《国家电网公司 2012 年社会责任报告》。

在融入和服务"五大"方面，每家试点单位结合"五大"业务的具体管理特点，从亮点、难点、薄弱点入手。针对亮点，探索从社会责任理念角度审视和升华，实现锦上添花；针对难点、薄弱点，探索用社会责任理念寻找解决方案，实现雪中送炭。

江苏盐城公司将社会责任理念整体融入"五大"，解决管理交叉和管理空白等管理变革过程带来的问题。通过识别"五大"体系运行中的利益相关方，梳理关键业务环节及其对利益相关方的具体影响，厘清业务与利益相关方的交圈地带和管理流程缝隙，以回应利益相关方的合理期望，规范和优化企业经营管理行为，将利益相关方理念融入"五大"建设。

福建漳州公司探索责任管理优化提升电网建设运营。在优化电网建设推进机制方面，促成市、县政府签订电网重点项目责任书，强化征地青苗赔偿属地化，列入政府效能督察督办，实现与地方政府"手拉手"一体联动的电网建设推进机制。在减少客户停电时间方面，强化月度停电计划执行，加强施工组织管理，减少客户停电次数，坚持"让灯先亮起来"，成立专业化抢修队伍，实行抢修标准化作业，抢修一次性复电率达到96%以上，缩短停电时间。在提升客户响应速度方面，坚持客户导向，加快建设服务快速响应中心，推进生产、调度、营销三大体系功能整合，建设服务诉求处理指挥中心、服务问题稽查督办中心、服务质量分析评价中心。

湖北宜昌公司通过沟通协作解决电网运维过程中的难点。通过对接城市社会管理网格系统，构建社会化巡视机制，吸引城市网格资源、群众护线力量参与电力设施保护、设备巡护，创新电力设施保护机制。通过加强与林业部门的沟通与合作，创新采用"以树易树、设备共享"办法，成功化解了城区清障难、协调难的树线矛盾问题。

四川乐山公司推进"负责任营销"提升服务品质。融入营销业务流程，分析营销业务流程对经济、社会、环境的影响，提炼"负责任营销"实施要点，下发相关制度文件，提升营销业务的综合价值创造能力和透明度。推动节能服务，开展合同能源管理、节能咨询进企业等活动，推动用户科学用电、节约用电、高效用电，促进企业节能降耗，实现与环境和谐相处。研究服务乐山大佛、峨眉山等自然文化景观的具体方式，景区电力设施改造落实环保要求，强化景观设计，做到与周边环境的和谐。

黑龙江鹤岗公司优化客户信息管理。"催费不停电"推动客户信息管理变革。以获取准确的客户个人信息为基础，寻求更多、更有效的方式推进"催费不停电"，同时强化双向互动服务，为客户提供便捷、多元的服务体验。责任管理建立客户信息管理长效机制。强化客户信息保密制度建设，技术层面强化权限控制，行为层面建立客户信息获取、跟踪变更、使用、保护等完整的流程管理体系。沟通管理赢得客户理解和认同。积极听取客户意见和建议，向客户说明信息收集的目的和价值，向客户展示客户信息管理制度、使用规则和流程管控，打消客户疑虑，会同客户共同做好用电信息的收集、管理和及时更新工作。

在社会责任管理优化决策方面，枣庄供电公司取得显著成果。① 从理念、目标、流程各个方面实现全面优化，并以决策管理为核心思路，统筹"15333"工程具体落地。

---

① 《国家电网公司 2012 年社会责任报告》。

决策理念优化。决策不但考虑内部规章要求和企业目标，而且考虑决策对社会和环境的影响，维护社会价值观，保护生态环境，尊重利益相关方期望，考虑社会接受方式和理解认可程度。

决策目标优化。决策不但考虑"技术可行、经济合理、能力可及"，而且考虑"社会认可、生态友好、价值优越"，追求综合价值最大化和争取社会认可。

决策流程优化。决策议题选取，考虑决策的社会和环境影响，增加社会和环境议题。

决策评估，强化社会和环境影响评估，分别由议题部门和社会责任管理委员会评估议题对利益相关方、社会和环境的影响，确定决策的经济、社会、环境综合价值和社会沟通策略，努力做到"社会接受、环境友好、价值优越"。如必要，邀请关键利益相关方参与决策，尊重利益相关方利益。

决策讨论，除考虑专业技术和经济回报要求，同时强调社会和环境风险评估、综合价值创造考量及社会沟通策略评估。如必要，邀请关键利益相关方参与。

决策执行，成立重大决策实施评估委员会，加强决策管控，确保追求综合价值最大化和必要的透明度。如必要，注重发挥利益相关方作用和监督功能。

决策效果后评估，除了传统的技术经济评价，强化决策的社会接受性、环境友好性和综合价值创造效果评估及社会沟通有效性评价。

绩效指标优化。增设社会和环境风险评估、综合价值、决策透明度、沟通有效性、社会认同度等社会责任管理指标。

决策制度优化。用制度和流程固化新的决策理念、决策目标和绩效要求，建立长效机制。

> **坚持持续改进**。确保决策持续追求综合价值最大化，强化社会沟通，促进利益相关方参与，加强利益相关方合作，不断完善决策制度。
>
> **开发工具**。针对社会责任管理优化决策管理的需要，开发适用的管理工具。

在社会责任融入延伸服务方面，朝阳供电公司探索出了创新解决方案。①

> 【履责议题】
>
> 弃管小区长期没有物业管理，公共设施维护无人担责，居民供水、供电等基本服务得不到有效保障，容易引起百姓不满和各方冲突，形成社会稳定隐患，并对企业形象造成负面影响，成为困扰政府、社区、居民和企业的难题。居民小区供电设施的产权不在供电企业，按照《供电营业规则》和"谁的产权谁维护"原则，供电企业无法列支小区供电设施的抢修资金。国家电网辽宁朝阳公司以开展全面社会责任管理为契机，率先探索建立弃管小区居民供电保障长效机制。
>
> 【具体实践】
>
> **主动调研**。发现朝阳市有 94 个弃管小区，涉及居民 39226 户，一般工商业 5238 户。弃管小区高压用电设备长期缺乏维护，安全隐患严重，停电故障频发。2008 年以来停电客户达 3.3 万户次，直接经济损失 200 多万元，影响小区居民生活。

---

① 《国家电网公司 2012 年社会责任报告》。

建言献策。2012年5月4日，朝阳公司向朝阳市政府提交了《关于朝阳地区弃管居民小区用电设备情况的报告》，得到了市领导的高度重视，责成相关部门认真研究弃管小区公共设施维护问题。

试点突破。在弃管问题突出的喀左县进行试点。喀左县有84个居民小区，弃管小区31个。

行动一：2012年7月17日，喀左供电分公司在深入调研基础上，向县经信局作专项汇报，并共同起草了《关于利用物业维修资金维护弃管小区电力设施的建议》报告，获得主管副县长的高度肯定。

行动二：2012年7月19日、8月20日、9月10日，县政府三次组织经信局、住建局、政府办和供电分公司等部门研究破解弃管小区电力设施维修难题，出台了利用物业维修资金进行弃管小区电力设施维修的操作办法，并制定了相应的维修流程，形成了"政府补偿、房产牵头、社区主导、供电配合"的实施机制，创造了"喀左模式"。

行动三：2012年6月4日，弃管小区东晟豪庭因过负荷而停电，业主委员会先垫付维修费用，供电部门当天恢复供电，得到小区业主好评。7月20日，县房产管理处启动维修流程，利用物业维修资金支付垫付费用，"喀左模式"经受了实践检验。

集思广益。弃管小区居民基本服务保障在辽宁、东三省乃至全国是一个普遍问题，需要社会各界广泛参与，共同探索破解之道。2012年10月23日，朝阳公司组织召开专题座谈会，政府纠风办、地方"两会"代表、媒体、社区、专家等畅所欲言，为彻底破解弃管小区基本服务保障难题提出了多项合理化建议。

朝阳公司的努力和成效得到了各方赞誉，政府高度肯定，居民一致好评，媒体积极评价。

【责任价值】

激发了供电企业为社会创造价值的内生动力。朝阳公司认识到，弃管小区电力设施维护事关百姓安全可靠用电，直接关系社会和谐稳定，对企业品牌形象也有重要影响，理应成为企业社会责任的重要议题。

引发了供电企业对社会责任边界的重新思考。 确定社会责任边界既不能限于法律责任，简单强调"谁的产权谁维护"，这样弃管小区居民供电服务保障问题就会无解，也不能无限拓展责任边界，供电企业对社会问题大包大揽会造成滥用公共资源的违规经营悖论，也无法形成解决问题的长效机制。

创造了推动各方合作解决社会问题的新模式。 朝阳公司成功运用利益相关方管理理念，积极推动政府、开发商、业主委员会、社区、媒体等利益相关方优势互补、资源整合，初步建立了破解弃管小区难题的长效机制。

全员社会责任根植的工作氛围逐步形成。在领导层面，在决策管理、流程管理和绩效管理中融合社会责任理念，统筹考虑企业重大决策的社会接受性、环境友好性、综合价值最大化；在专业层面，树立外部视野、利益相关方视角，发现专业工作改进机会和方法；在班组层面，注重社会责任管理的操作性，增强个人履责能力和水平；在社会层面，形成政府倡导、客户参与、社会配合、媒体激励的氛围。

25 家省公司发布社会责任管理实践报告、17 家市公司发布服务地方经济社会发展白皮书，九大管理案例入选《国家电网公司管理提升典型经验汇编》（见表 3-2），以及一大批实践案例、感人故事涌现，是两年"全面试点"的成果。

表3－2　　《国家电网公司管理提升典型经验汇编》社会责任管理提升经验

序号	单位	社会责任管理经验
1	国网江苏电力	责任根植服务"五大"体系建设
2	国网山东电力	社会责任管理优化企业决策管理
3	国网福建电力	社会责任管理提升企业运营管理
4	国网陕西电力、国网青海电力	社会责任管理提升企业营销管理
5	国网湖北电力	社会责任管理提升电网运检管理
6	国网重庆电力、国网天津电力	加强和创新沟通管理
7	国网浙江电力	全面社会责任管理支撑"红船品牌"创建
8	国网辽宁电力	社会责任管理拓展企业综合价值创造空间
9	国网北京电力、国网上海电力、国网甘肃电力	创新工作载体推进社会责任根植基层

27家试点的奔跑，有的快、有的慢，在跑道上拉开了明显的差距。最突出的一个现象是，各家试点推进力度差异巨大、推进成果参差不齐，有的推进高效、快速、持续，有的推进缓慢甚至停滞；有的成果多元而显著，有的停留于文字材料。

试点总结会上，"适时"（适时扩大公司级试点范围）、"稳步"（稳步扩大试点）这些字眼出现在下一步工作方案中，意味着在一场热火朝天的奔跑之后，需要缓冲、分析、消化、积淀，为了下一阶段更好地出发。

成效与启示

27家单位的试点，可以说向全面社会责任管理目标迈出了更大的一步，其最大的成效在于，在探索"15333"落地的过程中，管理、实践、故事成果共同贡献了"将企业社会责任管理真正植入到企业的运营和发展之中"的不同路径。

问题路径植入型。尽管企业社会责任管理并不足以解决企业在发展过程中所面临的所有问题，但其在涉及多利益相关方及结果不均衡等方面却存在特定的解决问题的独特方法。从实际存在的问题和不足进行导入，是企业社会责任管理实践植入的一种方式，比如江苏盐城供电公司。

亮点路径植入型。在探索实践社会责任过程中涌现出的一些具有典型意义的工作亮点和最佳实践，在经过系统总结和梳理之后往往能够成为企业开展社会责任工作的理念、方法和工具，并由此延伸到企业运营的其他领域，成为企业系统开展社会责任工作的推动点，比如江苏苏州供电公司。

理念路径植入型。由于存在企业性质、公司文化、发展阶段等方面的差异，其对社会责任理念的认知和侧重也存在差异。比如有些企业对于社会责任的理解可能落脚在透明度上，有些可能落脚在科学决策上，针对这种情况就可以将企业社会责任理念切入社会责任管理的实施和推进中，比如山东枣庄供电公司。

行业路径植入型。每个行业都有社会责任的特性，寻找社会责任管理的行业路径植入，需要从准确界定企业所属行业社会责任的特征和实质内涵出发，针对性开展和设计企业社会责任管理的目标和思路。比如电网作为公用事业，其一个重要的社会责任特征是做好普遍服务，比如黑龙江鹤岗供电公司。

业务路径植入型。业务路径植入的方式更加注重聚焦和细化到对于企业核心业务的特点和属性的分析，从某一个运营链条和运营周期中的特定环节出发，全面融入生产运营的全过程和全周期，比如安徽黄山供电公司。

管理风格植入型。决策层的领导风格既是社会责任管理的重要驱动力，也是社会责任管理的重要保障和切入点。企业各级领导层，特别是公司主要负责人的社会责任素养及管理理念一定程度上也为推进社会责任管理提供了重要的思想基础，他们的行动示范则能够起到表率作用，比如辽宁朝阳供电公司。

部门路径植入型。从部门管理特性入手就是参照企业内部具体负责社会责任工作职能部门的特点，寻找社会责任管理的切入点和路径，比如江苏南京供电公司，基于检修工区的工作特点，提出责任推进的"杠杆原理"。

全面试点带给我们如下启示：

·顶层设计不可或缺，把社会责任工作作为"一把手"工程，自上而下推动，有力度。

·让社会责任服务主业、解决问题，是王道。

·为社会责任推进因地制宜设计路径，要有变化。

·责任效率兼顾关系长远，重综合价值创造。

·重视利益相关方合作与认可，树立责任品牌形象。

在"三集五大"体系建设的大背景下，"15333"工程的全面探索和落地，在社会责任融入和服务公司运营方面积累了大量经验。同时，27家试点目标一致但成效差异巨大，也带来了更多思考。为什么有的单位推动持久能够持续有成果，有的单位却有始无终？为什么有的单位能够顺利找到清晰的落地路径从而带动各方面工作开展，有的单位却停留于文字总结层面？我们认为，"15333"工程依然是一个系统工程，涉及公司从上至下、主要管理的方方面面，需要有公司领导、各专业部门、各职能单位的高度重视、密切配合，并且持续开展，需要强有力的顶层推动及全方位的保障。而同时，探索的成果不是一蹴而就的，需要时间来逐步显现，在这一过程中，大家容易看不到方向、体会不到成就，而难以坚持，"三全"目标也变得遥不可及。

因此，如何将社会责任管理这一宏大的课题、系统的工程落地，还需要探索更有效、更直接、更容易出成果、更容易被感知的方式。

第四章　社会责任根植——上下贯通的全面融入

第一节　社会责任根植项目，厘清社会责任实践与管理

从选择问题的出发点，到策划实施，评估总结，改进提升，社会责任根植不只关注如何做，更强调为什么做，如何做到更好。

国家电网公司所致力的社会责任根植是要将社会责任理念与管理方法根植到公司特定工作或业务中，从而解决企业或利益相关方面临的各类问题，提高公司综合价值创造能力。[①]

随着全面社会责任管理试点工作的推进，社会责任理念、工具有了比较深厚的基础，但探索开展全面社会责任管理仍然存在着相当的难度与困难。要将"责任根植"真正扎根基层，仅仅有新理论的宣贯是不够的，需要进一步提升社会责任管理颗粒度。

要实现通过融入社会责任理念和方法促进专业工作价值的提升，需

---

① 《国家电网公司社会责任根植项目工作手册》。

要有一个更加明确、切实可操作的抓手。国家电网公司开始以"社会责任根植项目"持续推进全面社会责任管理的落地。

所谓社会责任根植项目，就是指由企业社会责任推进部门与业务部门共同策划实施的，以项目化运作和项目制管理方式推进的，有效融入社会责任理念、工具和方法，有助于提升企业可持续发展能力和品牌美誉度的工作与任务。

在实际的工作中，基层单位时常有这样的困惑：有社会责任的实践，是否就是开展了社会责任管理呢？通过社会责任根植项目，可以更直观地解答这一疑惑。

社会责任根植项目具有综合价值的导向，这是开展社会责任管理的目标，也是开展社会责任管理、推动社会责任工作的结果；同时强调利益相关方的参与，这种新型的管理方式要为更多的人创造价值，目标要包含利益相关方诉求。在成效方面，合作创造价值，实现合作共赢。合作共赢要体现在管理的结果和成果上，真正为各个利益相关方所共享，这是社会责任根植一个非常重要的特征。

社会责任根植的四大特点①：

聚焦问题或价值。社会责任根植都是围绕解决企业或利益相关方面临的某个或某类具体问题，或提升企业和利益相关方的价值创造能力而展开。

运用社会责任理念方法和工具。社会责任根植的核心就是尝试突破和创新，用社会责任的理念和管理方法去解决所聚焦的问题，去提升价值创造能力。

---

① 《国家电网公司社会责任根植项目工作手册》。

> 重视与企业运营的融合。社会责任根植要落实到企业具体的运营中，是对企业特定工作和业务的创新与改进。
>
> 注重用综合价值去评判根植的成效。社会责任根植的最终成效不仅要以企业自身为考量，还要考虑外部利益相关方，将经济、社会与环境综合价值最大化作为根植的终极目标。

那么，根植什么？根植到哪儿？怎么根植？对于社会责任根植的三个核心问题，基于多年社会责任工作的经验，国家电网公司做了思考并给出了答案：

社会责任根植所要根植的是社会责任理念，即融合共生、综合价值、透明度、利益相关方参与、影响管理。同时也需要根植社会责任管理方法，即利益相关方管理、社会与环境风险管理、社会责任边界管理、社会责任制度化管理、社会责任品牌化管理。

社会责任根植需要根植到人、事、制。这意味着，要让社会责任真正改变人的意识、能力和行为，在议题、业务、活动中予以体现，并固化在决策、制度、流程中。

社会责任根植的路径则体现为能力建设、项目运作和制度建设。

社会责任根植项目工作原则如表4－1所示。

表4－1　社会责任根植项目工作原则

原则	内涵
项目确定坚持问题导向	融合社会责任理念，应用社会责任管理，全面了解社会对于企业的关注与期望，评估项目实施的综合价值，及时将外部诉求融入企业运营决策，通过根植项目推动解决相关运营难题

续表

原则	内涵
过程管控坚持价值导向	实施项目注重挖掘根植项目的综合价值，保证根植项目不仅考虑"技术可行、经济合理、企业能力可及"，而且充分考虑"社会认可、环境友好、综合价值更优"
成效评估坚持变化导向	把植入社会责任提升综合价值作为根植项目成效评估的核心要素，以根植项目管理目标、管理方式、运行机制、工作绩效的不断优化，促进公司发展方式、管理模式、沟通方式和员工工作方式转变
推广传播坚持品牌导向	根植项目注重品牌化运作，加强社会传播和品牌推广策略的策划和实施，加强品牌建设资源整合，创新传播载体和传播方式，充分展现根植项目成果，努力实现"履责实践品牌化"

　　围绕这四个原则，国家电网公司对社会责任根植项目明确提出了六个要求：必须有明确责任的边界，不能大包大揽，责任边界到哪儿就要做到哪儿；必须发挥各方优势，解决一个共同问题的时候，各方应该把自己最擅长的部分、把自己的优势拿出来，不能勉为其难；必须解决具体的难题；必须各方共赢；必须提升自身的工作；必须能够推广复制。①

　　这实际上也有助于基层单位更好地区分社会责任与本职工作，深化对社会责任的理解——责任有底线，责任无上限，但责任不是无

① 刘心放：《推进全面社会责任管理的创新之道》，www. cneo. com. cn/article － 20305 － 1. html。

54

限，进而实现更好的融合。社会责任是对企业提出的更高、更多、更新的要求，因而搞好本质工作并不等同于搞好社会责任工作，社会责任根植也不是日常的工作总结，而是一项具有创新性同时又有艰巨性的工作。

第二节　项目制管理：更富操作性的责任根植

如何确保根植项目真正有助于责任的融入，不是走过场，也不流于形式对于项目的管理变得十分重要。

国家电网公司首创了社会责任根植项目制，运用项目制管理理念和方法，以"自上而下部署任务要求、自下而上申报具体项目"的方式，逐级指导和推动各基层单位有计划、有管控、系统化、制度化、可持续地组织实施社会责任根植项目。

基于多年社会责任工作的经验，国家电网公司对于基层单位的指导和统筹安排更为细致、科学，组织对各单位申报立项的社会责任根植项目进行审核和精简，从选择问题的出发点，到策划实施，评估总结，改进提升的管理全流程都给出了更加明确的指导。

国家电网公司提出，各单位开展社会责任根植项目工作需要关键把握好四点①：

知行合一。策划实施社会责任根植项目是为了推动业务部门深刻理解科学的社会责任观的内涵与价值，体验社会责任理念、工具和方法的科学性与有效性，增强专业部门接受、掌握和科学运用社会责任的信心与动力。

---

① 《国家电网公司社会责任根植项目工作手册》。

创造增量。策划实施社会责任根植项目要能够为社会和企业创造价值增量。价值增量包括社会价值增量和企业价值增量两部分。社会价值增量体现为推动各方以对社会更加负责任的方式开展活动，提升社会综合价值创造能力。企业价值增量体现为推动企业管理创新、有效防范舆情风险、提升品牌形象、改善发展环境、增强核心竞争力。

共同推进。策划实施社会责任根植项目要求社会责任推进部门与业务部门共同策划项目实施方案，明确项目执行团队，匹配项目运作资源，形成完整的项目设计和运作体系。

主动作为。策划实施社会责任根植项目需要积极发挥和充分体现社会责任推进部门的主动作用，包括主动与业务部门共同策划选择根植项目选题，超前研究社会责任推动创新的方向与路径，预先评估根植项目成效，充分发挥项目管理和社会责任专业服务功能等。

为了让各单位更有针对性地开展根植项目，国家电网公司按照根植对象和功能特性不同，明确将社会责任根植项目划分为五大类：业务根植项目（与企业业务相关的社会责任根植项目）、活动根植项目（与开展企业级活动相关的社会责任根植项目）、管理根植项目（与企业管理变革相关的社会责任根植项目）、主体根植项目（与企业履责主体相关的社会责任根植项目）、工具根植项目（与研发社会责任工具、方法相关的社会责任根植项目）。

而在业务根植项目中，根据项目层次不同，又可细分为点根植项目（主要与特定业务运行的某个环节、某个方面相联系）、线根植项目（主要与业务条线的整体运行方式相联系）、面根植项目（主要与特定单位的管理模式、发展方式相关），其实质也是在推行新的工作方式、新的业务运营方式和新的企业管理模式（见图 4－1）。

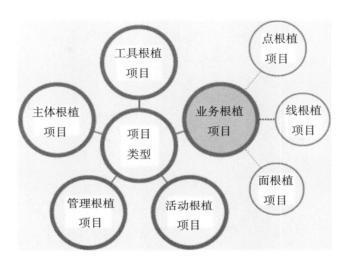

图 4 – 1   社会责任根植项目分类

根据国家电网公司的总结分析，在五类根植项目中，数量最多的是点根植项目，占比超过 95% 。这也符合当前社会责任根植的工作实际，循序渐进、由易到难、由浅入深的"微改进"原则①。

国家电网公司坚持"问题导向、价值导向、变化导向、品牌导向"，指导各单位、各专业选择运营管理过程中社会关注程度较高的问题，积极探索协调发展、合作共赢、提升价值的解决方案，通过组织召开社会责任根植项目总结推广培训，既集中展示经验，交流学习，也邀请社会责任管理领域的专家集中答疑解惑，对项目进行深刻分析，以期为更好地开展项目制工作提供借鉴和帮助。

在一个个具体项目中，各单位需要回答的是如何将社会责任理念和方法这个种子种下去的，是否根植了社会责任与业务共生、综合价值创造最大化、经济社会环境影响管理、利益相关方识别和参与、透明度和

---

① 《国家电网公司社会责任根植项目工作手册》。

"三个认同"五类社会责任理念；采用的是哪类社会责任根植方法——利益相关方管理、社会与环境风险管理、社会责任边界管理、社会责任制度化管理、社会责任品牌化管理；发生了什么效果，有什么不同，带来了什么变化。

社会责任根植项目制强调全员参与，涉及国家电网公司总部、各省公司、地市公司等所有运营单位，覆盖规划、建设、运行、营销等各职能部门，牵涉政府、客户、员工、合作伙伴、社区等所有利益相关方。同时，这也是一个集"自下而上、自上而下、总体策划、过程管控、结果评估及成果展示"于一体的完整闭环管理①。

企业社会责任管理是有目标、有计划、有执行、有评估、有改进地系统性开展社会责任实践的活动②。在其中，对社会责任管理的评估一直是一个难题。

而社会责任根植项目的具体化、项目化让评估更加可行。国家电网公司从创新评价和推广评价两方面开展社会责任根植评价，其中创新评价重点考察根植项目创新程度和成效，推广评价重点考察根植项目的应用广度和深度。

尤其值得肯定的是，国家电网公司从选题、策划、实施、绩效、成果、推广六个维度为根植项目制定了详细而明确的"打分"机制（见表4-2）。

---

① 《国家电网公司社会责任根植项目工作手册》。
② 殷格非：《2012：中国企业社会责任管理元年》，《WTO经济导刊》2012年第7期。

表4-2 国家电网公司社会责任根植项目评价考核标准

项目	指标及详解	分值（分）
选题（15）	聚焦问题：专注于解决企业运营过程中或经营环境中存在的某个具体的问题或议题	0～5
	影响深远：选题涉及企业内外多个利益相关方，选题关注社会的热点问题或契合企业的发展战略	0～5
	典型特色：所选题目具有较强的地域特色或行业普适性	0～5
策划（20）	基于现实：项目方案的策划有深入的调研、访谈过程，有大量的现实数据和信息做基础	0～5
	方案可行：项目方案内容简洁、逻辑清晰，手段举措具有很强的可操作性	0～5
	方法创新：项目方案中根植了明确的社会责任理念、管理方法或工具，具有很强的创新性	0～10
实施（10）	执行有力：项目分工合理，计划严密，有严格的管理程序督促和控制项目的推进	0～5
	执行到位：项目方案中的思路和举措在执行中得到一一落实	0～5
绩效（25）	问题解决：项目实施有效解决了选题中聚焦的问题；项目给全社会提供了解决问题的新思路、新方法	0～5
	价值创造：项目实施给企业、利益相关方或整个社会带来增量价值贡献	0～10
	变化改进：项目给企业的运营方式、员工的工作方式、社会各界的合作方式带来实质性变化和改进	0～10

续表

项目	指标及详解	分值/分
成果 （20）	成果丰富：项目形成了包括总结、案例、视频、论文、工具或奖项荣誉等多项成果	0～5
	成果优秀：文字总结主题明确、逻辑清晰、行文流畅；视频成果独具感染力；工具实用性强	0～10
	广泛传播：项目成果被外界广泛地了解和认可，具备进一步社会传播的条件	0～5
推广 （10）	推广价值：项目具有在企业内外进行推广应用的价值	0～5
	推广应用：项目有清晰的推广计划，项目形成的经验、成果在企业内外得到推广和应用，带来了更大的价值贡献和品牌效应	0～5

这些指标既是考核的要求，对于项目实施者来说，也是自测和自评的工具，能从中看到差距，找到改进的方向。

为了确保根植工作和绩效的真实性，国家电网公司还设定了现场验收的步骤，并从这两个维度制定了社会责任根植项目现场验收考评标准，综合评价考核的得分，完成对社会责任根植项目绩效的终评。

在基层单位普遍认知未能形成统一高度时，考核评估的促进作用更显重要。比如，国网江苏电力就通过及时修订《江苏省电力公司外联品牌工作对标细则》，将根植项目实施情况作为重点内容纳入外联品牌工作对标，促使外联品牌对标结果与人力资源部季度关键业绩指标考核挂钩[①]。同时还通过建立利益相关方支持行为、专业舆情发生相关性两

---

① 许文斌：《推动社会责任根植项目落地生根》，《WTO经济导刊》2016年第4期。

项统一指标,对根植项目进行统一评价。利益相关方支持行为是指根植项目在实施过程中获得利益相关方在政策鼓励、做法宣传、行动配合、口碑赞誉等方面支持的行为;专业舆情发生相关性是指根植项目所涉专业的负面舆情发生率呈现的趋势,如果舆情较以往不降反增,说明根植项目本身存在问题,做法未得到利益相关方和社会的认可。

评价带来的正向激励也促使各下属单位按照国家电网公司对推进根植项目的部署和要求开展各具特色的实践。

国网上海市电力公司:有步骤、有章法,扎实推进根植项目

社会责任根植基层要求电力企业员工最大化地发挥主观能动性,从特定工作或业务中挖掘社会责任基因,掌握将社会责任理念融入到日常管理和工作中的方法,从而不断创造出对经济、环境和社会的综合价值。

国网上海市电力公司通过在公司上下开展企业社会责任系列培训,全面普及社会责任知识,营造履行社会责任氛围,尤其是抓住员工企业价值观形成的关键期,在新员工培训中增加社会责任相关课程,帮助他们打上责任的"底色"。[1]

对于基层单位社会责任根植项目,国网上海市电力公司组织集中辅导,邀请外部专家与各基层单位面对面交流,对项目的选点、实施方案及总结报告和汇报视频进行评析和辅导;对于优秀项目,采取访谈专业部门的形式,进行深入沟通指导;同时注重过程管控,开展中期项目发布会及总结会。

---

[1] 赵辰昕:《让社会责任培训从"负担"到"心动"》,《WTO 经济导刊》2016 年第 12 期。

国网苏州供电公司：探索根植项目制管理①

苏州供电公司积极探索建立社会责任管理与专业实践相融合的项目制管理模式，形成了包含梳理分析三级透明层次、识别和回应利益相关方诉求、发挥多方参与价值、持续优化基础管理、构建多元化沟通机制的新的项目制管理典型模式。

策划阶段，2~3月，选定根植项目，组织制定实施方案。实施方案内容包括根植项目的现状绩效分析、价值提升方法、管理工具应用、沟通传播策略，以及牵头部门、责任分工、实施重点和推进节点。方案由公司品牌建设管理部门编制。实施阶段，3~10月，根据实施方案分解落实各项工作任务。牵头部门综合运用社会责任管理理念、方法、工具，重点实现项目过程性评估和反馈机制建设，推进部门联动和多方参与，有序实施根植项目。总结提炼阶段，10~12月，组织项目参与人总结分析根植项目运行情况，系统梳理根植项目管理创新成果，及时总结工作经验、成效和价值。

苏州供电公司应用社会责任工具融入项目管理；成立由社会责任专业管理部门和项目实施部门构成的两级组织架构，形成常态化、责任到人的工作机制，并引入利益相关方成效评价机制，运用社会表达开展信息反馈。

---

① 沙小睿、曹晓君：《探索社会责任管理下项目成效评价与反馈机制的建立》，《基层建设》2015年第35期。

第三节　根植硕果：综合价值的 持续释放

一批具有示范效应、可借鉴、可推广、可传播的优秀社会责任根植项目所体现的多元主体、多方共治、共赢，正是社会责任管理希望看到的精髓。

社会责任根植项目为电网企业推动社会责任管理融入规划、建设、运行、检修、营销等生产运营全过程提供了有效方式，克服了全面社会责任管理模式由于系统性和复杂性，在人才配备、精力投入及业务部门配合度等方面存在的困难，有利于运用社会责任理念和管理方式实现某一业务的具体改进。[①] 表4－3所示为社会责任根植项目议题。

表4－3　社会责任根植项目

议题		项目数量
类别	具体议题库	
决策管理	7	9
制度建设	9	20
流程管理	6	6
绩效管理	0	0

---

① 许文斌：《推动社会责任根植项目落地生根》，《WTO经济导刊》2016年第4期。

续表

议题			项目数量
类别		具体议题库	
业务运营	规划	8	1
	建设	37	81
	运行	22	50
	检修	47	97
	营销	166	327
职能管理	人力资源	7	9
	财务资产	0	0
	物资采购	5	9
	科技	3	3
	安健环	18	26
	风险	3	3
运行机制	战略	0	0
	规划	1	1
	计划	0	0
	预算	0	0
	管控	3	3
	考核	0	0
企业文化		5	7
公益		29	65

资料来源：2014～2016年728个社会责任根植项目。

　　从项目选题看，各单位能够坚持问题导向，选择企业在优质服务、安全供电、爱心公益、服务"三农"、环保低碳等方面的工作重点和难点问题入手，反映了公司对利益相关方诉求的积极回应；从措施内容看，多数项目坚持变化导向，主动将外部诉求融入决策、实施等各个环节，充分考虑了"社会认可、环境友好、综合价值更优"的可持续发展原则。从预期成效看，多数项目注重持续改进和成效推广，能够通过工作方法的改变和履责能力的提升，服务企业与社会共同发展，进一步塑造和传播公司"责任央企"品牌形象。①

通过每一个专业、每一个岗位组织实施社会责任根植项目，实现的是社会责任理念、社会责任管理思想和方法"润物细无声"式的落地生根。在推进社会责任中，这种切身的体验显然要比抽象地讲理念、理论和方法工具来得更有效。从这个意义上看，社会责任根植项目确实不失为一个很好的载体。②

一批优秀的社会责任根植项目极大地调动了基层公司的积极性，员工的自主性得到了更多的发挥，对自身的能力、责任的边界有了更清晰的认知。社会责任理念和工具通过与具体业务项目的融合，让国家电网公司发现了很多以往忽略的企业在运营过程当中相关的社会问题，或者找到了不少老问题的新解决方案，或者是为全社会提供了创新的社会问题解决方案与经验，这不仅有效地为企业提质增效，让企业更了解当地政府、社区、居民及其他相关社会组织的诉求，更对经济社会发展产生了积极影响，取得了良好的效果。

> **"朋友圈"让水乡钓友远离触电悲剧，推动防钓触电安全管理创新**
>
> 卢晓峰是国网南京市高淳区供电公司的供电员工，也是高淳野钓俱乐部微信群的创始人。在高淳地区，他的名字在钓友微信群中无人

---

① 《国家电网公司社会责任根植项目案例选编 2014－2015》。

② 张云：《社会责任根植：中国企业社会责任发展的"新蝴蝶效应"——访国网能源研究院副院长、中国企业管理研究会常务理事长李伟阳》，《国家电网》2016 年第 6 期。

不知，不仅因为他钓鱼技术高超，更因为他总在群里普及安全用电知识，让大家受益匪浅。

随着钓鱼这一休闲方式的普及，钓鱼者触电等安全事故也多有发生。高淳境内中小型水库、坑塘众多，得天独厚的地理环境使野外垂钓人数逐年增多。

为更加高效、系统地开展防钓鱼触电安全管理工作，高淳区供电公司发挥钓鱼俱乐部和渔具店精准对接钓友的天然优势，搭建覆盖渔具店经营者、钓鱼爱好者、钓鱼俱乐部、政府、媒体及蟹农在内的综合性防钓鱼触电沟通与互动平台，高淳区内全部24家渔具店都加入宣传防钓鱼触电的网络中，自发参与防钓鱼触电的钓友也增加到近500人，迅速形成密度高、反应快、覆盖广的防钓鱼触电安全网络，以钓前预防、钓中监督、钓后交流等形式，实现多方参与、信息畅通、优势互补，杜绝钓鱼触电事件的发生，实现综合价值的共享。

2014年，高淳地区未发生一起钓鱼者触电事故。高淳供电公司在当地钓鱼人群大幅增加、供电公司未增加安全宣传成本的情况下，切实保障了钓鱼爱好者的人身安全。更安全的钓鱼环境也吸引了更多爱好者，为渔具店带来了收益，进入防钓鱼触电警示标志渔具销量前十名的渔具店，收入有9%～16%的增加。有赖于微信群成员的及时通报，制止高压线下钓鱼、工程施工等潜在安全隐患17起，对减少钓鱼、施工引发触电事故和供电设施外力破坏事件发挥了极为重要的作用。

"这个项目将社会问题和供电公司业务融为一体，让客户安全、政府放心，供电企业也减少了意外停电情况，形成多方共赢的结果。其带有社会各方共同参与的思路，较以前的单向管理方式有非常显著的变化。"

——金蜜蜂智库首席专家殷格非

让"黑楼道"持续地亮起来，推动供电延伸服务创新

拖着疲惫的身体回家，黑暗中摸索时和下楼的人撞个满怀；因为看不清阶梯摔倒滚落；还得提防有可能潜伏在黑暗中的犯罪分子……因为多种原因，部分社区楼道照明设施年久失修成为常态，尽管政府、社区、居民及供电公司都曾经下大力气治理"黑楼道"，但"黑楼道亮化返黑"现象依然时有发生。

面对这一具有长期性、普遍性、复杂性，又和老百姓日常生活息息相关的问题，浙江舟山市供电公司摒弃以前供电企业一方参与、以共产党员服务队进行无偿服务的不可持续方式，积极引入政府、社区、居民各方，形成"黑楼道"利益相关方的网格化管理平台。

在这个管理平台中，政府充分利用其行政职权，召集供电公司、社区等各方参与讨论，协同制定了《全市"点亮楼道"长效机制实施方案》；以供电公司的网格化管理平台为载体，由供电公司组建"共产党员服务队"提供楼道灯维护维修服务，并且承担前期"黑楼道"大面积排查和检修所需的耗材费用；社区充分发挥其与居民的紧密联系等优势，负责楼道灯相关信息搜集、相关人员协调、相关工作的最终落实；居民充分发挥其信息优势，及时反馈"黑楼道"信息并配合维护维修。

多方共治的模式最大限度融合了利益相关方的优势资源，实现了各方资源的优化利用。在各方协同努力下，舟山市对61个老旧社区1000余个楼道的照明设施进行集中改造维修，照亮8000余户家庭回家路，亮化率100%，"黑楼道亮化反黑"现象也明显减少。在点亮楼道后的61个老旧社区，未发生一起由楼道灯不亮引发的治安案件，确保了社区治安稳定。

随着"黑楼道"数量、"黑楼道亮化反黑"现象大幅减少，停电投诉数量也大幅下降，在进行"黑楼道"修理维护的过程中，供电公司员工还开展了有效业务输出，探索出了表后线维护模式，破解了旧小区电费回收难的问题，有效地开展了"增供扩销"。

"舟山市供电公司帮老百姓点亮黑楼道，是民生实惠，相关部门寻求探索到的科学、宜行的办法，令人称赞。"

——浙江省科学研究院公共政策研究所所长杨建华

五方共赢引领写字楼供用电新生态

大上海，写字楼林立。然而，由于种种原因，写字楼欠费却时有发生。相较于普通的"供电企业—电力用户"的二元模式，写字楼供用电关系中存在着"租用业主（用电方）—写字楼物业（交费方）—供电企业（收费方）"的三元格局。

面对复杂的三元格局，国网上海电力从化解业主、物业、供电企业之间的矛盾入手，有针对性地推出"五方共赢"的模型，力求从根源上解决写字楼欠费难题。国网上海电力为物业"搭脉"，通过免费的"优能"楼宇电能管理水平认证，实施"优能UP"能效改进微咨询，梳理写字楼不良用电习惯，为物业开出节能处方，帮助物业避免不必要的能耗，科学降低电费支出，同时开设"优能特权"延迟付费政策，开展"优能汇"楼宇用电事务常态沟通机制，组织"优能声音"多元化传播，带动全部利益相关方参与到写字楼供用电生态模式的共同治理中并从中受益，将欠费停电的"零和"格局扭转为可持续的长远共赢。

试点写字楼100%的物业认为"优能"认证将对提升物业公司经营管理水平有帮助，100%的业委会认为"优能汇"保障了小业主对物业管理的知情权和参与权；物业客户满意度从84%上升至90%，楼内业主对供电公司的满意度从73%上升至82%，客户付费更主动，电费回收综合指标显著提升。停电风险得到了控制，消除了写字楼停电可能引发的各类群体性事件、次生安全事件发生的风险，试点期间楼宇的电能耗所生成的碳排放量也显著减少，推动了绿色发展。

生态实施高原输电线路运维管理，让高原鸟类住上"安居房"

三江源地区位于青藏高原腹地，属高原草甸地形，基本没有较高的乔木类植物，因此高出地面许多的输电铁塔很容易成为当地鸟类筑巢的首选。鸟类在电力铁塔上筑巢，一方面易遭电击受到伤害，导致草原生态平衡被打破；另一方面也给输电线路安全带来极大隐患。据统计，玉树联网工程330千伏唐玛玉输电线路自投运至2015年6月初，因鸟类活动引起的跳闸188次，占总跳闸次数的97.8%。

国网青海省电力公司根据对三江源鸟类遭受鸟刺和电击伤害的成因分析，在不伤害鸟类和维护三江源生态环境的前提下，逐步改变传统驱鸟方式，针对鸟类的活动规律，提升输电线路设备的外绝缘水平，引导鸟类在输电铁塔的安全区域筑巢活动；同时，积极对接三江源环境保护管理局等专业机构，掌握高原鸟类详细的活动习性和迁徙路线，于三江源地区鸟类生存栖息较多的输电线路沿途搭建招鹰架和人工鸟窝，降低鸟类在输电铁塔附近活动的危险，提高电网安全可靠性。

环保的角度、生物多样性的全新视角为解决生态环境与电网安全稳定运行之间的矛盾提供了有效的路径。经过观测，当地鸟类正常活动未受影响，鸟类在输电铁塔危险区域停留的现象明显减少，因鸟害引发的故障跳闸情况明显减少。据测算，项目实施后，三江源保护区草原鼠害面积减少 1~2 个百分点，将近 200 万亩草原免受破坏。项目可使青藏联网、玉树联网、果洛联网工程输电线路每年减少停电 30 个小时，多输送电量 1800 万千瓦时，实现经济增长 9000 万元。

"以前我巡视保护区，看到被电击死亡的大鵟（高原鸟类），很心痛。现在国家电网工作人员来装招鹰架，我们都很高兴。希望鸟类能够安全生活！"

——隆宝国家级自然保护区生态管护员才仁多杰

社会责任根植推动党风廉政工作创新

供电行业具有自然专营的特性，部分重点岗位具有一定自由裁量的权限，加之获取信息不对称，存在权力"寻租"的廉政风险。纪检监察部门作为企业内部党风廉政监督工作的职能部室，熟悉相关部门的业务运营。然而，由于事前信息获取手段有限，对于具体业务难以实施常态化、全过程的监督。

国网扬州供电公司改变以往单纯依靠纪检监察部门的惯性内部工作视角，从用户、用户的关联业务单位、供电公司的外部协作单位、政府部门和媒体五大关键利益相关方的核心诉求出发，在 10kV 专变用户业扩报装领域开展项目试点，建立引入利益相关方参与的保障"三权"（知情权、参与权、监督权）工作机制，在纪检监察工作和具体业务领域，通过信息公开、流程优化和综合考评保障相关方的各项权益。

引入利益相关方参与的重点岗位廉政防控体制建设，转变了纪检监察工作的工作思路和方法，借力外部资源优化内部管理，以一种更加开放的姿态迎接各方的监督，既降低了业务领域的廉政风险，保障员工、企业的廉政安全，同时也提高了利益相关方需求的响应速度，保障相关方的合法权益，降低了对构建公平公正的电力市场环境的不良影响，实现了多方共赢。项目实施以来，未发生一起业扩报装廉政工单投诉事件。

社会责任根植项目所解决的问题多是公司核心业务工作的重点和难点，而解决的方案更多是"小而美"的，灵活、有极强的可操作性，并被实践证明是有效的，这使项目的推广和复制变得更易实现。

复制项目方法：成功、成熟经验的直接运用

南京供电公司将防钓鱼触电向电力设施保护工作延伸，打造"防施工触电朋友圈"和"工程车司机朋友圈"，减少施工引发的电力设施外破事件。其他水乡地域，则可以直接移植，提升防钓鱼触电工作的整体表现。

地域联动：跨省市、跨区域开展项目的优化整合与合作扩大

社会责任根植项目覆盖了绝大部分的电网企业领域和业务。面对不少共性的问题，国家电网公司鼓励更多基层单位合力推动，并从评价维度上向跨区域合作项目倾斜，项目制的管理也为打破区块束缚、集合更大的力量和集约资源创造了机会。

京津合作全面启动社会责任根植"煤改电"工程项目

国网北京、天津电力公司联合启动社会责任根植"煤改电"工程项目，围绕项目制定了"煤改电"根植项目实施方案、传播方案和专项行动白皮书方案等。

省际联合，打造社会责任根植实施新模式。国网北京、天津电力联合推动项目实施，全流程梳理出20余个项目选题，跨省合作汲取经验，互利互补，逐一推动社会责任根植融入，充分发挥"煤改电"重大民生工程的综合效益，形成全覆盖的综合型社会责任融入"煤改电"实施模式。

部门协同，构建社会责任管理融入新局面。联合营销部、发展部、安质部、电能替代办公室等业务部门，以及20家基层单位通力协作，明确当前社会责任管理应用融入的优势和不足，探讨社会责任理念更好融入"煤改电"工程业务的路径，形成社会责任管理在具体工作中系统落地的合作新局面。

高效推进，形成社会责任价值实现新路径。跨区组织召开"煤改电"工程专题利益相关方沟通会，探讨与利益相关方可行的沟通合作方式；构建针对不同流程、解决特定问题的工具箱，积极建立基于相关方共识的行动目标、多方参与过程实施的行动计划和实现成果价值共享的"煤改电"工程社会责任管理路径。

山东河南跨省推进"多表合一"社会责任根植项目

国网山东电力、河南电力联合召开"多表合一"社会责任根植项目跨省推进会,邀请经信局、住建局等政府主管部门及水务、热力、物业、居民等利益相关方,实地参观"多表合一"示范小区,通过向政府汇报、调研、访谈等形式,联合水气热用能企业实施信息采集,充分发挥各方优势,形成"政府主导、电网推动、供能企业协同配合、客户受益、多方共赢"的资源集约共建模式。

五省推进"三供一业"① 社会责任根植项目

实施"三供一业"分离移交是国务院国资委提出中央深化国企改革的重点工作。国网河南电力与国网湖南、蒙东、陕西、甘肃电力立足自身实际,推进社会责任根植项目跨省推进。

试点探索示范带动。国网洛阳供电公司于实践中探索形成了"五个一"供电分离移交工作成果,即一个政企多元协同的管理架构、一个标准化工作流程、一个符合实际情况的改造技术标准、一个统筹兼顾的测算标准、一个政府行文的工作方案,以及"一梳理、二调查、三请进、四沟通、五协同"根植项目推进模式,为其他电力企业实施供电分离移交提供了可借鉴复制的经验。

因地制宜协同推进。河南、甘肃、湖南、蒙东、陕西五省区共13家单位外联、营销部门按照"分类施策、循序渐进"的原则,结合各省"三供一业"专业工作进度,同步推进社会责任理念植入,建立五省区协同机制,确定项目推广工作节点,初步形成"三供一业"社会责任根植项目五省区联合推广工作机制。

---

① 《国有企业职工家属区供水、供电、供热(供气)及物业管理(统称"三供一业")》,www. gov. cn/zhengce/content/2016 – 06/22/content_ 5084288. htm。

> 价值共赢管理创新。在"三供一业"社会责任根植项目跨省推广过程中，各单位积极运用利益相关方视角解决问题，充分发挥各方优势，通过社会责任沟通能力和员工履责意识的增强，创新了电费回收与服务管理方式，切实实现了移交企业减负，实现了改造小区电网运行的可控、能控和在控。

在国家电网公司看来，仅仅在内部做好这些工作并不够。社会责任根植项目作为与利益相关方责任沟通的有效平台，需要让更多利益相关方知晓、认可、认同进而参与、支持，放大社会责任根植项目的效用。国家电网公司十分注重根植项目的品牌化运作，尤其是面对新媒体的发展，要求优秀的根植项目也要"讲好故事"，通过视频展示放低故事的门槛，建立一个为客户利益、公众利益的叙事语境。同时还专门开通了社会责任根植的微信公众号，用于社会责任根植工作交流、经验分享、理论探讨和优秀实践推广。

虽然履行社会责任并不是一件轻松的事情，但也并非一个沉重的话题。2016 年国家电网公司社会责任根植评优答辩会就采用了颇有创意的设计：答辩顺序按扑克牌抽签，整个答辩的流程是伴随着扑克牌来流转的。一个小小的创新细节也体现出国家电网公司希望把快乐心态、创新的心境根植到社会责任工作中。[①]

一大批社会责任根植项目也都呈现了新的视角、新的工作理念和方法，自下而上地让全面社会责任管理有了更丰富和厚实的内涵。2016年，国家电网公司社会责任根植项目的阶段性成果——《国家电网公司社会责任根植项目工作手册》和《国家电网公司社会责任根植项目案例选编 2014－2015》先后出版发行。前者系统回答了什么是社会责

---

① 殷格非：《扑克牌与企业社会责任》，《WTO 经济导刊》2016 年第 5 期。

任根植、社会责任根植项目的实施步骤、每个步骤中的关键问题、社会责任根植项目统筹和管理及可以运用的管理工具等诸多问题（见图4-2）。后者则通过生动的案例剖析了社会责任根植工作为公司业务运营带来的具体变化，展现各单位立足于地方和企业实际，运用社会责任理念与工具所带来的管理与业务创新。

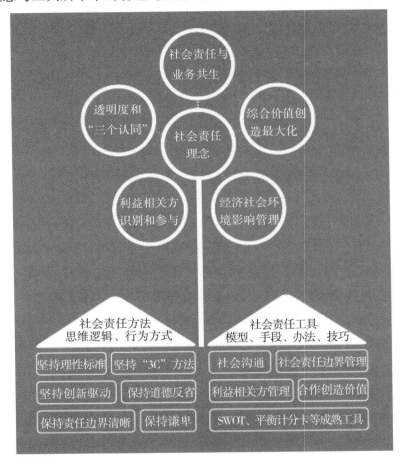

图4-2　社会责任理念、方法和工具

资料来源：《国家电网公司社会责任根植项目工作手册》。

在不断的责任实践中，社会沟通工具、社会责任边界管理工具、利益相关方管理工具及管理领域的成熟工具得到了更多的应用，并提炼出诸多可操作的工作方法和机制，为企业在社会责任管理中普遍面临的重点和难点问题积累了可解的方法和经验。

基于十余年来企业社会责任理论研究成果和社会责任管理经验，国家电网公司发布了首个由中国企业编制的社会责任管理丛书——《供电企业社会责任管理工具丛书》，对社会责任融入决策管理、责任议题管理、责任边界管理、利益相关方参与和合作管理、社会与环境风险管理、公益管理和社会责任信息披露管理等进行了总结，为社会责任管理的诸多难题提供了丰富的案例参考和源自实践提炼的操作指南。

《社会责任边界管理手册》清晰界定了社会责任边界概念的内涵与外延，构建了社会责任边界管理流程，并开发了七个责任边界管理工具，为企业管理社会责任边界提供了案例参考和操作指南。

《社会责任议题管理手册》对社会责任的议题进行了阐述，深刻阐述了议题管理的方法和程序，开发了一系列的管理工具，并结合实际对议题进行积极解释和模拟，以引导企业社会责任议题管理的结构化、明确化。

《利益相关方责任手册》以传播理论和管理理论为指导，对供电企业建立相关方的体系进行探讨，并根据不同主题、选题、对象和不同语境制定了不同的沟通程序，开发了利益相关方识别议题管理沟通评估效果的工具。

《社会责任报告信息披露报告书编制手册》总结归纳了报告书的功能定位、编写流程、方法、技巧，指导企业快速学习掌握编制方法与要领，不断改进和提高报告书的质量。

《公益项目管理手册》回答了公益与慈善、企业公益的基本模式与选择策略、公益项目管理等问题。

《利益相关方参与及合作管理手册》为供电企业推进利益相关方参与及合作提供方法和指导，也对开展利益相关方参与及合作管理提出了明确的要求。

《社会与环境风险管理手册》尝试从社会责任角度定义风险、评估风险和管理风险，重新界定社会与环境风险的内涵和边界。

《社会责任融入决策管理工作手册》明确了社会责任融入决策管理的内涵、特征、原则、适用范围、参与者和推进路径。

这些来自实践经验的总结和提炼，不仅有助于在国家电网公司内部更加规范、系统地推进社会责任管理，更大的价值在于为其他企业全面了解、系统掌握和熟练应用社会责任理念、方法和工具起到重要的指导和借鉴作用。

成效与启示

成效

（1）大面积实践成果，为形成规范奠定了良好的基础。社会责任根植项目累计实施的 849 个案例是体现企业社会责任管理发展成果的巨大的宝库。这些项目立足于地方和企业实际，运用社会责任理念与工具带来了管理与业务的创新，通过对其进行提炼、总结、分析形成的扎实的实操手册，都能懂、能用，有助于根植项目在更大范围内推广和深入。

（2）非社会责任部门的参与，显示出社会责任管理的价值。社会责任根植工作通过组建项目团队，带动相关专业人员参与社会责任管理，结合亲身经历理解社会责任理念，拓宽专业管理思维，树立专业工作的外部视角，较好地实现了社会责任和业务工作的深度融合，让全面社会责任管理的"全过程覆盖、全方位融合"成为可能，使社会责任的理念得以逐渐融入生产经营的每一个环节和职能管理体系。

（3）一支专业的队伍，为未来 CSR 深入发展奠定了人才基础。全面社会责任管理需要全员参与，也需要具有社会责任理念的员工的储备。社会责任根植无疑推动了人才队伍的成长和综合素质的提升，员工主动创新履责的意识更高，自觉地发现新方法，挖掘工作新价值。据统计，2014~2017 年，浙江嘉善供电公司员工提出的 33 个社会责任根植项目得到立项实施；南京供电公司"'朋友圈'让水乡钓友远离触电悲剧"项目也是员工在导入了社会责任理念、方法之后，从外部视角分析历年钓鱼触电事件的原因，识别各利益相关方诉求和优势，主动构建防钓鱼触电朋友圈，最终实现多方参与、协力推动。

（4）形成、丰富了一批工具、方法。在根植项目的实践中，已经得到初步总结的社会责任管理理念、工具、方法和模型得到实践、验证和完善，社会沟通工具、社会责任边界管理工具、利益相关方管理工具等更多有效的、科学的和可复制的社会责任管理工具、方法和模型得到提炼和发展，并创造了新的推动形式，比如跨地域、跨部门的合作方式，在未来会带来更大的成效。

启示

短短几年间，累计实施 849 个社会责任根植项目，可见这一抓手的有效性。但对于一个特大型企业来说，这些项目的影响力还有待发挥，而且各地、各业务部门对于社会责任根植项目的认识，以及项目本身同样存在质量和成效的参差，需要更加系统的提炼、总结，把一个个单独的项目推向标准化的融合，进而实现社会责任管理在更大范围、更深层次上推进。

（1）大面积推广需要系统指导。社会责任管理作为一种新的管理思想和工具，尤其要让广大的基层单位用社会责任的理念和视角去重新梳理工作中面临的问题，寻找尽可能优化的解决方案，需要有引路人，能够给他们明确的方向，帮助他们准确理解，这样才不易迷茫而不知所向。

（2）大面积推广需要系统管理。社会责任管理并不适宜简单的复制，需要结合不同的行业、地方及企业的实际，大面积推广更需要注重投入资源和人力对其进行管理，既鼓励创新也有规程，这样才能不走样、不流于形式。

（3）大面积推广需要机制设计。要保障社会责任管理的扎实推进，推进的机制不宜贪大图全，需要更切实际，更具操作性，尤其需要重点考虑考核和评价的机制，为管理的改进和推进提供强有力的动力。

（4）大面积推广需要讲究方法。生硬的推广方式很难让社会责任管理持续下去。真正有说服力的案例、富有创意的呈现方式，尤其是结合新媒体的传播，将为社会责任管理带来更切实的吸引力。

第五章　示范基地——全面社会责任管理的标准化

第一节　形成社会责任管理体系建设规范蓝本

自 2008 年按照"试点示范、提炼模式、逐步扩大"的方式探索各层级供电企业开展全面社会责任管理的有效经验和基本模式以来，国家电网公司在社会责任管理推进之路上已进行了 10 年的坚持和探索。在这一过程中，国家电网公司侧重于探索、尝试，更多地选择了"普遍撒网""多面出击"的部署安排，完成了大量的实践积累，既可能是"试对"，也可能是"试错"，既包括成功与经验，也包括失败与教训。这些都为从实践、工作角度定义全面社会责任管理储备了足够的知识。

尽管国家电网公司对全面社会责任管理进行了科学的概念性定义，但不论是社会责任管理试点，还是社会责任根植项目制、社会责任信息披露报告书等其他社会责任管理相关工作要求，这些均是全面社会责任管理体系的重要组成部分，不足以描绘其全貌。

如何把全面社会责任管理这一抽象概念全面、系统地落实到日常具体工作中？有什么原则、步骤或国家电网公司自己的标准可以指导基层单位开展具体工作？

　　国家电网公司意识到这是全面社会责任管理继续推行下去所必须要回答的问题。2016 年开年，国家电网公司设定了"持续深化国家电网公司社会责任理论研究、梳理总结供电企业全面社会责任管理工作模式"的目标，系统开展社会责任示范基地建设被纳入议事日程，成为国家电网公司自此之后一段时期内社会责任工作的重点。2017 年，国家电网公司社会责任示范基地建设标准出台。

全面社会责任管理思想如何在社会责任示范基地建设中反映出来？

　　国家电网公司在《社会责任示范基地建设标准》中，明确提出了社会责任示范基地的核心是国家电网公司全面社会责任管理"鼎·心"模型，包含管理目标、管理机制、管理内容和管理动力四个模块。这四个模块是对全面社会责任管理"全员参与、全过程覆盖、全方位融合"实施体系的有力支撑和具体解读。

　　·管理目标模块包括坚持以科学的企业社会责任观为指导、优化公司使命、丰富企业价值观、实施可持续发展战略、实现社会责任管理的"全员参与、全过程覆盖、全方位融合"五大要素。全面社会责任管理的首要问题是以科学的企业社会责任观为指导，明确全面履行社会责任、追求综合价值最大化的企业目标，包括企业使命、价值观和发展战略，并通过持续推进社会责任管理的"全员参与、全过程覆盖、全方位融合"，确保企业目标的实现。国家电网公司坚持持续探索、宣贯、检验和完善科学的企业社会责任观，并以此为前提和指导，重新定位公司管理目标，确立了追求综合价值最大化的公司使命，塑造全面履行社会责任的企业价值观，实施追求综合价值最大化的可持续发展战略，按照"全员参与、全过程覆盖、全方位融合"的总体目标持续推进全面社会责任管理。

· 管理机制模块包括责任领导力、公司治理结构、社会责任推进管理、优化决策管理、优化流程管理、完善制度建设、完善绩效管理。强大的责任领导力、合理的公司治理结构和有效的社会责任推进管理，既是公司全面社会责任管理的重要内容，也是推进全面社会责任管理的根本保障。确保公司决策管理和流程管理全面融合社会责任管理理念，是从源头上推动社会责任管理理念全面融入公司运营过程的基础和保障。完善制度建设和绩效管理，则是建立公司全面社会责任管理长效机制的根本保证。

· 管理内容模块包括优化业务运营、优化职能管理、优化运行机制、公司公益管理、企业文化建设、利益相关方管理、社会沟通管理七大要素。全面社会责任管理在管理范围上的核心特征是"全员参与、全过程覆盖、全方位融合"，具体体现就是社会责任管理理念全面融入业务运营、职能管理、运行机制和企业文化建设，并全面推动和加强公司公益管理、利益相关方管理和社会沟通管理，以充分发挥公司现有业务和创新业务的综合价值创造潜力。

· 管理动力模块包括充分发挥利益相关方驱动作用和充分发挥社会环境驱动作用两大要素，主要以第三方评价的形式体现。

以指标的方式明确示范基地建设的工作内容

较以往国家电网公司推进基层单位开展社会责任工作的相关规范而言，社会责任示范基地建设标准详细阐述了基层单位开展社会责任示范基地建设的方式、方法和途径，将国家电网公司全面社会责任管理"鼎·心"模型中四个模块的内容以指标化形式呈现，并将指标细化至四级。

这种指标化的做法，将全面社会责任管理"全员参与、全过程覆盖、全方位融合"的要求与企业日常工作进行了连接，为基层单位建设社会责任示范基地提供更具操作性的指南，有利于指导基层单位进行资源配置和工作部署，促进了社会责任管理理念与实际业务工作的有机融合。

例如，"基于社会责任理念对流程进行优化"指标要求基于社会责任理念梳理公司五大业务流程①，将社会责任理念融入流程管理就是要从客户、员工等利益相关方视角出发，重新审视流程的环节、交互是否恰当，是否存在额外的风险，是否需要让利益相关方参与到流程中，以提高整个流程的高效、顺畅与和谐。对该指标的评估主要是衡量是否基于社会责任理念梳理公司的五大业务流程、公司流程中融入的社会责任理念的程度及范围等。

以目标值引导基层单位争创示范基地

在构建好的社会责任示范基地评价指标体系的基础上，国家电网公司对每一项指标设定一个目标值，达到这个目标则意味着符合了社会责任示范基地的建设标准。这些目标值也可以看作国家电网公司总部对基层单位落实全面社会责任管理要求的一种期待、引导，是一种自上而下的思想灌输、工作要求。这些目标值分为定量和定性两种类型。

定量指标包括三种类型：一是经营绩效、次数、投入等绝对数据；二是有标准衡量，如污染排放、能源消耗等标准数据；三是覆盖率、满意度等占比数据。对这三类定量指标的目标设定规则各有不同，如表 5 - 1 所示。

---

① 规划、基建、运行、检修、营销。

表 5 - 1　定量指标的目标设定规则

指标类型	目标要求
绝对数据型指标	数据优于往年
标准数据型指标	数据达到标准
占比数据型指标	数据优于往年

　　定性指标是非数据性指标，非数据性指标的可比性较弱，衡量标准也比较模糊和复杂。为此，国家电网公司将定性指标分为两类：一类是单因素定性指标，如使命、愿景、战略等无法再分解的指标；另一类是多因素定性指标，如透明原则融入决策管理，还可以继续分解为决策前、决策中和决策后的透明原则等多个因素，其目标设定的规则会略有不同，如表 5 - 2 所示。

表 5 - 2　定性指标的目标设定规则

指标类型	目标要求
单因素定性指标	有相应行为
多因素定性指标	有相应行为或关键因素有相应行为

　　在设定好每个指标的目标值，也就是明确了示范基地的标准之后，国家电网公司还会对每个指标的具体表现赋值，最终计算出总的得分，作为示范基地等级评选的依据。首先对标社会责任示范基地建设标准，评估申报单位在该项指标上的表现是否达到目标要求，如果未达到，则计为 0 分；达到标准要求，得 60 分；若超出标准要求有更优秀的表现，则根据表现的不同层次分别累计加分，加分项分值区间为 0 ~ 40 分，具体结合每个指标的赋值规则和评估工作组对指标的表现而定。优于标准的表现有两种：一种是比标准规定的做法更多更深入、数据表现更优秀；另一种是有超出标准规定的新做法、新尝试见图 5 - 1 和表 5 - 3。

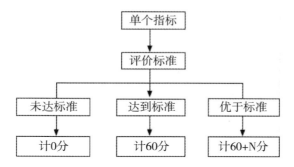

图 5-1　社会责任示范基地评估指标赋值程序

表 5-3　社会责任示范基地评价指标赋值规则说明

指标	目标要求	赋值规则
某指标	达到社会责任标准要求的做法；融入社会责任理念后的管理或工作改进	达到目标，60 分； 将改进后的管理固化为常态化的工作机制或开发科学的管理工具并运用于实际工作，加 0~20 分； 该指标取得优秀的绩效表现或获得利益相关方高度认可，加 0~20 分

第二节　社会责任示范基地 1.0

正是有赖于社会责任示范基地建设标准的出台，11 家地市公司踏上了社会责任示范基地建设的征程，江苏泰兴县公司、宝应县公司，浙江嘉兴市公司、嘉善县公司，山东枣庄市公司，天津武清市公司，湖南供电服务中心、长沙县公司，重庆暨南县公司共同交出了一份社会责任示范基地 1.0 版本的答卷，即如何通过贯彻示范基地建设标准，推进社会责任的"全员参与、全过程覆盖、全方位融合"。

全局规划设计

尽管国家电网公司出台了示范基地建设标准，但这并不意味着所有的社会责任示范基地是一个样子。因为每个基层单位所处地区的经济社会发展环境不一样，利益相关方对于供电企业的感知和要求不一样，因此每个基层单位在专业工作安排的优先权上也会有差异，与不同利益相关方的沟通、合作方式也会呈现多样化。因此，在同一个标准的要求下，各个示范基地给出了各具特色的全局性规划设计。

江苏泰兴县公司构建了以管理体系和评价体系为支撑，以与可持续发展理念相适应的品牌建设与传播贯穿始终的"鼎·心"工作模型。

辽宁朝阳公司围绕"社会责任管理是什么，社会责任试点试什么，根植示范示什么"开展多轮理念导入，实行一年一部署、半年一调研、一月一计划、一周一简报的推进方式。江苏宝应公司以"业务影响管理、社会问题治理、增量价值贡献"三大影响管理路径为主线，围绕"影响管理"和"价值创造"两个目标开展各项工作。

嘉兴公司以"红船精神，电力传承"为血脉，以社会责任的基本原则和价值为筋骨，创造性地将"红船精神"与社会责任统一起来，形成了具有浓郁地域、行业特色的社会责任"1234红船模型"①，与嘉善县一起开展两级体系贯穿、共同试点，合力探索企业推行和实施全面社会责任管理的通行模式和可行路径，探索时间长、力度大、程度深。

重庆綦南公司以"社会责任边界管理"为核心，健全公司社会责任管理机制，推动社会责任与经营管理的全面融合，形成员工运用社会责任理念的思考自觉和行动自觉。

---

① 其中，"1"象征一种精神，即红船精神；"2"象征两项原则，即底线原则和共赢原则；"3"象征三个价值——经济、社会、环境综合价值的最大化；"4"象征四方动力——诚信、责任、创新、奉献。

寻找与现有管理体系的结合点

社会责任管理不可能脱离企业已有管理体系而独立存在，推进社会责任管理最为有效的方式就是以企业现有的管理体系为载体，将社会责任管理的理念、要求嵌入进去。天津武清公司以国家电网公司统一推行的 ARIS 管理平台为工具支撑，将社会责任管理内容和要素转化为具体工作要求，以添加专业符号的方式，在流程中强调社会责任管理要求；以添加相关标准的方式，在流程中导入社会责任标准；以添加表单的方式，在流程中体现社会责任管理对岗位职责的要求，以及相关过程性、结果性输出；以添加考核指标的方式，在流程中体现社会责任管理的工作成效、价值创造，形成具有社会责任内涵的"五位一体"协同机制，指导公司各层级各专业开展日常工作，推进社会责任与专业工作、职能管理的全面融合。

细节精准实施

围绕国家电网公司全面社会责任管理四大模块要求，将社会责任理念与方法融合到创新公司内质外形建设工作当中，建设员工多维能力提升体系、利益相关方管理体系、全员岗位消极影响防控体系、业务（活动）全过程影响管控体系，扎实推进 CSR＋岗位职责、社会责任融入业务流程和决策管理、社会责任融入制度建设、绩效管理和品牌建设等工作，开发一系列社会责任管理工具，编制履责实践报告书，并以根植项目的形式对各维度工作进行补充和丰富。这些工作实现了社会责任从理念到方法再到实操的转变，解决了社会责任在基层落地的实践问题。

以江苏泰兴公司为例，其开发应用了总经理办公会 CSR 辅助决策、社会责任管理要素检验、社会责任融入业务流程工具、业务全过程影响管控等实用工具，让所属各部门和单位在实际工作中能直接应用，有效提升社会责任工作水平。总经理办公会 CSR 辅助决策工具包括利益相关方分析与沟通、社会责任综合价值及风险评估、决策议题合法性审查、利益相关方反馈调查问卷等专项工具，用于涉及"三重一大"等总经理办公会决策的事项。社会责任管理要素检验工具包括CSR 要素检验记录和 CSR 改进建议办理单，其中 CSR 要素检验记录适用于对具体工作事前检验预防和事后检验分析；CSR 改进建议办理单是根据事前或事后检验发现的问题，制定相应改进措施。社会责任融入业务流程工具包括 PDCA 业务流程梳理工作法和专业部门业务流程分析模板，是针对具体的业务工作流程，逐一分析流程节点上社会责任管理存在的问题或矛盾，用图表的形式直观提示改进内容，并实现新流程的 PDCA 循环。业务全过程影响管控工具包括事前预控卡、事中检查卡、消极影响整改通知，有效管理输、变、配、农电网工程建设工作现场。

第三节　判别社会责任示范基地
实效的"真伪"

国家电网公司将社会责任示范基地定义为公司展示社会责任管理实践成果的窗口，与各利益相关方开展沟通交流的平台，因此非常关注基地是否真的实践了，而不是简单地将原来的专业工作进行"包装""化妆"。

在社会责任示范基地申报单位之一——湖南供电服务中心，国家电网公司便开展了这样一次审核调研活动。

湖南供电服务中心选定"透明服务"作为社会责任的实践主题，以"透明服务"为基础，探索形成了"三层三权四化五大六同"的

"33456"社会责任管理推进模式。通过信息披露"三层次"（必须透明、应该透明、自愿透明）和利益相关方"三权"管理（知情权、参与权、监督权）双维度分析，明确业务工作的薄弱点，有针对性地开展"四化"管理（结构化培训、工具化实施、制度化管控、绩效化评价），落地"五大"项目工程（阳光智能计量工程、柔性智能响应工程、共赢共享市场工程、智慧周全服务工程、精益高效诊断工程），将业务活动对利益相关方的消极影响最小化、积极影响最大化，助力利益相关方"六同"履责目标更好地实现（与政府同向、与客户同心、与公众同频、与伙伴同拍、与员工同力、与媒体同步）。

这些社会责任管理设计在现实工作中是如何发挥作用的？2017年12月18日，国家电网公司调研组一行来到湖南供电服务中心，就基地建设情况开展座谈调研。中心主任、书记、"五大工程"负责人及各部门社会责任联络员分别从工作内容、工作体会的角度交流了开展社会责任管理的经验和感受。

当被问及"如果有其他单位来中心参观学习社会责任管理经验，他们可以学到什么"时，中心高层领导从书写着"公平公正"的单位进门石谈起，那代表着公司从建设之初，社会责任管理的理念就已融化在中心的血液里。中心不是为了做社会责任而做社会责任，而是将社会责任融入阳光智能计量工程、智慧周全服务工程、柔性智能响应工程、共赢共享市场工程、精益高效诊断工程"五大工程"中，通过制度管理和绩效管理两个抓手，推进社会责任管理在中心落地。

对于中心社会责任管理的特色和亮点，中心社会责任推进小组负责人认为，中心建立了完善的"透明服务"管理体系，开发了特色的工具箱，且绩效管理比较到位，有定性评价、定量评价，有加分项、减分项，与工资紧密挂钩，起到了良好的推进作用。另外，中心社会责任管理经历了三个阶段（零散实践、沟通体系、透明服务），管理基础很扎实，每个阶段都与中心发展严密切合。

工程的直接负责人用工作中的例子说明了社会责任思维的价值。"智慧周全服务工程"负责人发现停电信息发布渠道单一，不能充分保障客户的知情权。为此采取的措施包括利用系统自动化手段自动发布信息、推动市公司层面建立网格化台区经理制做好信息传递，中心不仅自己履行社会责任，还驱动上下游一起来履行社会责任。

"精益高效诊断工程"负责人也深有感触。原来"以查为乐"，查的问题越多越好，所以导致很多应该透明的信息没有披露，如之前查到过的异常情况。现在会提前把异常情况全部进行披露，并且在稽查过程中请地市供电公司参与，可以反馈、可以监督，让他们清楚问题在哪儿、怎么改。从"查"转变为"改"和"防"，最终结果是把客户服务好。

"阳光智能计量工程"负责人对于利益相关方十分关注，因为他们认识到对于计量表计，利益相关方更多关注的是表计的科学性和准确性。为此，开展"请进来"（公众观摩活动）、"走出去"（针对地市公司客户）等公开活动，并邀请省质监局到中心驻点进行监督和信息通报。

这次调研反映出，湖南供电服务中心从决策层到执行层，结合自己的职责对社会责任都有了相应的理解并采取了具体行动，上到公司发展理念、下到具体业务，内到自己的员工、外到产业链上下游伙伴和监管机构。通过开展社会责任示范基地建设，发现了很多以往忽略的与企业运营过程相关的社会问题，或者是找到了不少老问题的新解决方案，或者是为全社会提供了创新的社会问题解决方案与经验。

成效与启示

国家电网公司不断升级全面社会责任管理的思想与应用，从最开始的四级试点，到 27 个地市公司试点，到 849 个根植项目，直至示范基地的建立。至此，全面社会责任管理逐步形成了一套标准化、规范化的方法，"全员参与、全过程覆盖、全方位融合"的全面社会责任管理方法对各基层单位越发具有普遍指导意义。

国家电网公司从总部层面给出了标准化的全面社会责任管理指导和要求。全面社会责任管理的工具、手段越发成熟。以往，国家电网公司对于基层单位社会责任工作的要求往往按年度以行政文件的形式进行下发，缺乏一定的连贯性和系统性；现在，社会责任示范基地建设标准已经正式形成，管理的科学性、系统性得到了不断增强，并且可以在相当长的一段时间内用于指导示范单位开展社会责任工作，持续指导他们提升社会责任管理绩效。

全面社会责任管理的方向与要求越发明确。以往，无论是对于根植项目，还是对于试点，国家电网公司提出的要求过于宏观、框架性。而社会责任示范基地建设标准则是通过四级指标的方式对这些工作要求进行了分门别类的解析，回答了做什么、怎么做、做到什么程度的问题。

基层单位被激发出优秀、具有创新性的社会责任实践。社会责任实践基地创建的提出激发了更多基层单位的积极性和创造力。这些示范基地推进了社会责任与原有管理体系、专业工作的融合，展示出对国家电网公司社会责任观的落实思路和逻辑、具体做法和成效。这一融合，首先体现在企业战略和重大决策方面，企业在制定发展战略、实施重大决策时，全面分析对社会和环境的影响；其次体现在日常运营管理方面，将社会责任理念全面融入企业研发、采购、生产、销售等全过程，对相关环节和流程进行优化，实现全方位、全过程融合；再次体现在绩效考核方面，进一步完善现有绩效评价体系，把社会责任核心指标逐步纳入业绩考核；最后体现在融入供应链管理方面，将道德、环境等社会责任指标纳入供应商评估体系，推动产业链和价值链履行社会责任。因此在现阶段，凡是被授予示范基地称号的基层单位均是能够落实好全面社会责任管理这一标准化要求的优秀单位。

当然，对于"社会责任示范基地建设已经成功"这样一个结论现在看来还为时尚早。不过，需要思考的是，社会责任示范基地建设未来会何去何从？

社会责任示范基地的更高版本。如同 ISO 质量管理体系、环境管理体系不断更新一样，国家电网公司的全面社会责任管理经验同样需要及时进行总结提炼。这反映在社会责任基地建设上，就是基地的 2.0 版本。一方面，基地建设标准应该提出更为严格、全面的要求；另一方面，示范单位也应该不断开拓，创新出更有实效的社会责任管理机制。

追求社会责任管理"从有到无"的境界。随着社会责任与原有管理体系、专业工作融合的不断加深，示范单位应该逐渐不需要为社会责任专门投入大量的资源，在逐步实现国家电网公司"全员、全过程、全方位"的全面社会责任管理目标的同时，实现社会责任体系的自运转，并达到规避风险、控制影响、控制流程、提高绩效的目的。对于这种状态，国家电网公司对外联络部社会责任处处长刘心放提出了这样一个值得回味的问题：当你去一个社会责任示范基地参观时，你参观的不仅是一个展厅，而且是企业的管理——包括各种培训、会议纪要、各类工作日志等，当参观完毕后需要想明白的事情是，如果没有社会责任，企业的日常工作也要做，那为什么还要做社会责任？

不忘做社会责任示范基地的初心。国家电网公司一直把社会责任管理作为一项战略性的工作持续推进。社会责任示范基地建设是这一过程中的阶段性工作，而不是终点。因此，就示范基地自身而言，应该把基地建设视作一个动态演进、自我提升的过程。这种自我更新就使社会责任管理如同发动机一样，促使社会责任与经济社会发展中不断出现的新问题、新挑战、新需求进行碰撞，摩擦出新的管理思想火花，生产出新型管理工具，不断促进公司管理水平的提升，塑造出更为持续的商业运营模式。这样，示范基地才能在越来越多的"后辈"示范基地中依然保持先进性，成为示范中的"示范"。

第六章　筑路归来谓之道

第一节　"双向驱动、示范引领"的
推进之道浮出水面

　　国家电网公司作为率先开展社会责任管理与实践的中国企业，取得了一系列来自外部的认可：自 2005 年发布的社会责任报告得到时任温家宝总理的批示以来，先后获得"人民企业社会责任奖""中国工业企业履行社会责任五星级企业"等数十个国内奖项，2018 年更是跻身于 Brand Finance 发布的全球品牌价值 500 强。这一系列荣誉是对国家电网公司日趋成熟的社会责任管理推进之道的印证。

　　国家电网公司的社会责任管理推进之道可以概括为"双向驱动、示范引领"（见图 6 – 1）。

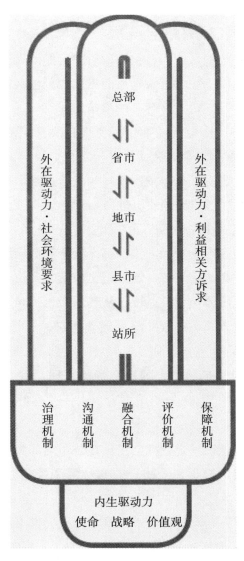

图 6 - 1　双向驱动

"双向驱动"的根由在哪里？

尽管中国企业社会责任的发展历经十余年，现在更是处于热火朝天之态，但是身处其中的从业者，包括科研院所的研究人员、咨询公司的专业咨询师、企业内部的管理者，反而更能深刻体会到把企业社会责任工作真正落到实处并不是一件容易的事情。

最为重要的是，社会责任工作需要来自决策层的支持，它是"一把手"工程，必须从战略高度对其进行定位。否则，企业的管理层极易认为企业履行社会责任是以成本消耗为代价来换取品牌形象和社会影响力的手段、工具，履责归履责，业务归业务，将社会责任工作在企业管理体系中外围化。在这种情况下，社会责任工作的管理人员就无法获得包括人力、财力在内的资源配置，那么处于更低层级的社会责任工作的具体执行人员就会缺乏支持，难以把工作落实到位。

考虑到国家电网公司业务属性，从基层员工视角来看，社会责任理念是一种新的思维方式，准确、深入地理解它并不是一件容易的事情。更何况要把这种新型认知应用于行为的改变，更是一场旷日持久的"战斗"。因此，对于基层员工的社会责任管理，重点不在于"多做一些更负责的事情"，而在于"用更为负责任、有价值的方式做好原来的工作"。

国家电网公司意识到企业社会责任在公司内部和社会外部的发展现状，从公司总部和位于业务最前沿的站所两个视角，做出了"社会责任要植于基层、融入组织"的判断和选择。在社会责任管理推进工作中，自上而下层层推动全面社会责任管理落地，自下而上层层促进社会责任根植融入。而起到这一融会贯通作用的，正是国家电网公司自

2014 年就开始推行的社会责任根植项目制管理①。

国家电网公司总部在社会责任管理推进工作中扮演赋能、监督及评估的角色。总部通过下发各种制度文件的形式，明确各项社会责任工作的内容、要求和目标，并定期举办社会责任宣贯和培训活动（主要面向各网省公司），对这些制度文件进行解读，帮助下属各层级单位更好地理解、贯彻。各网省公司、地市公司、区县公司再以类似模式将相关信息进行传达，直至基层供电班所。

上级单位对下级单位的社会责任管理贯穿整个年度。一旦任务要求由上级单位下发后，上级单位会通过召开现场会、调研等多种形式对社会责任工作的实施情况进行监督，并于年底按照年度既定要求和目标对下级单位的工作成效进行评估和表彰。

在这一工作推进过程中，下级单位及其员工的自主性得到了更多的发挥。他们根据上级要求，选择社会责任议题并制定实施方案，报送上级单位审批通过后组织实施。他们的行为就如同物理学中的"毛细现象"——把普通导管插入水中，水面将静止如初，而如果换成口径足够小的毛细导管，由于与管壁之间的浸润力，管内液体将会克服重力而上升。身处"前线"的基层单位是国家电网公司社会责任工作的真正推进者和实施者，他们不仅对自身的能力边界有更清楚的认知，也更了解当地政府、社区、居民及其他相关社会组织的诉求。因而在充分赋能的情况下，以各个基层单位作为企业社会责任的实践"根须"，更有利于因地制宜，整合当地各方资源及能力，促成合作共赢的良性局面，助力实现国家电网公司总部宏大的愿景及顶层的履责举措。②

---

① 关于社会责任根植项目制，参见本书第四章。
② 许睿谦：《责任"根植"：探索企业社会责任实践的新模式》，北京大学光华管理学院。

"示范引领"的目的何在？

国家电网公司意识到随着自身规模的不断发展壮大，与利益相关方的关系更为多样化和复杂，需要投入大量资源进行管理。不得不说，这是一项难度大、成本高、耗时长的工作。更为现实的是，负责这项工作的部门所掌握的资源有限，需要高效利用，同时还要思考如何吸引更多主营业务部门的资源参与到社会责任工作中来，才能促使员工从思想认识上改变，进而改变行为，建立起与利益相关方的和谐关系。

国家电网公司为解决社会责任工作的动力问题，并未采用传统的硬管理方式——绩效考核，而是采用了一种正向管理手段来应对社会责任这一软管理课题——示范引领。依据全面社会责任基地建设标准，在50多个省公司和直属单位、200多个地市级单位、1400多个县级单位、10000多个站所中，择优建立社会责任管理示范基地，树立标杆、榜样。

社会责任示范基地要求创建单位已建成或初步建立全面社会责任管理体系，其管理模式或实践方式具备可复制、可推广的示范作用，能够引领和带动行业、产业、上下游伙伴共同履责。

由此可见，这种"示范引领"的社会责任工作推进手段能够起到积极的带动作用，特别是对于国家电网公司这种体量庞大、层级众多而又经营同质化的企业。一旦有少数单位能够在社会责任工作上做出成绩、服务主营业务发展、贡献公司品牌价值，其他单位必然会争先效仿。凡是成为"示范"的单位，无疑是在国家电网公司系统内社会责任工作中划出了一道"鸿沟"，形成了领先优势，在相关工作评估中获得"加分项"，受到鼓舞与激励。

推进之道背后的管理之道

"双向驱动、示范引领"的推进之道最终要为实现全面社会责任管理"全员参与、全过程覆盖、全方位融合"目标而服务。

"双向驱动、示范引领"的推进过程是一个自上而下、自下而上周而复始的过程，每一次"运动"都会有不同层级的员工参与进来。直接参与社会责任管理工作的管理者已经超过了千余位，而直接参与具体根植项目、试点具体工作的员工更是远远超过这个数量。在此过程中，国家电网公司的员工还将社会责任理念通过日常工作拓展到了利益相关方。这正是朝着"全员参与"的方向在发展。

全面社会责任管理要求企业将履行社会责任的要求全面融入所有的生产经营活动和管理活动，从思想、战略、组织、制度和考核上形成全方位覆盖，在企业价值链的所有活动中都贯彻落实追求综合价值最大化的要求，并实现企业社会责任理念与企业日常运行机制所有环节的全面融合。而这些正是示范基地的重要工作内容——在"全过程覆盖、全方位融合"方面积累经验。这正是示范基地在全面社会责任管理上的引领价值之所在。

第二节　在特大型企业引入新型管理方式

将社会责任理念融入原有企业管理理念是一项重大管理模式变革，放眼全球特大型企业、公共服务行业尚无直接经验可以学习借鉴。国家电网公司正是基于对可持续发展目标的不懈追求，敢闯实干，在十多年的时间里，完成一次又一次理论与实践的碰撞、轮回，对阶段性的成果不断反思和检验，走出了中国企业社会责任管理"双向驱动、示范引领"型推进之路，这不仅带来了国家电网公司社会责任管理的持续提升，更是为特大型企业引入社会责任管理这一新型管理方式带来了有益借鉴。

巧妙利用"试点"，积累经验

国家电网公司意识到，公司自身体量庞大，管理层级众多，员工众多，涉及利益相关方众多，社会责任管理会给企业从理念、行为、绩效结果上带来根本性变革，对于社会责任管理在公司的适应性没有百分之百的把握，对于社会责任管理带来的成效也难以预测。因此，在一时之间不可能大范围同时启动社会责任管理，去改变每一层级单位、每一个岗位员工的工作，而是在一定时间段内，有目标地重点推进一项工作，总结成功与失败的经验。

正是基于这种认知，2008～2013年"顶层设计、深入试点、总结提升、推广引用"[1] 成为国家电网公司社会责任推进工作的核心思路。

国家电网公司推动社会责任工作，没有低着头蛮干，而是首先去思考，设定目标。从对社会责任管理的认知研究入手，将可持续发展战略作为最重要的顶层设计，确定了企业追求综合价值最大化的核心领域、主要内容、重要行动和绩效目标，能够立足战略高度指导企业更好地履行社会责任，进而设计社会责任管理及实践落地的路径和方式，对创新或变革设想进行试探、验证、反馈、修正，尽可能规避社会责任管理大范围标准化推广的不确定性，并在此过程中抓住重点环节和重点领域，按时有序地分步实施，由点及面、由浅入深、由小到大，梯次推进，以便每个实施阶段都能取得标志性成果，每个领域的试点都能取得成功，

---

[1] 林波、张凌宁、张墨宁、王先知、融慧、陶思遥：《国家电网：责任根植》，《WTO经济导刊》2010年第1期。

每个层级和单位的推进都能顺利开展。

"纸上得来终觉浅，绝知此事要躬行。"针对顶层设计出的各类路径、方法、工具，以及后续出台的各种制度、规范是否能够指导具体实践，没有人能够直接判断其成效。为了判断顶层设计的预期效果，或者说寄期望于顶层设计能够在更广泛的层面发挥作用，国家电网公司以试点的方式对其进行了试用。

国家电网公司注重试点单位的代表性。层级不同，地域不同，利益相关方对电网和公司发展的期望不同、影响不同，参与方式也不同，企业履责能力与水平的区域差别也很大。因此，全面社会责任管理的方式、重点和策略各不相同，需要在不同层级和不同区域有针对性地开展试点，以便深入发现问题和全面总结推广。

国家电网公司注重试点中社会责任与日常工作的融合性。尽管在国家电网公司社会责任工作的主管部门是外联部，但是在试点工作中，所涉及的部门和人员并未局限在外联系统，而是包括了各业务、职能部门，而且上至总经理、下至一线员工，凡是试点工作涉及的各层级人员均有参与。

对于试点，国家电网公司关注的不仅仅是结果，还有过程；不仅仅是成功，还有失败。因为试点的最大意义是从大量的经验中找到规律性的社会责任推进工作方法。提炼将社会责任理念融入企业使命、战略、运营和文化，融入企业治理机制、管理体系和管理流程的有效模式；提炼符合国情和中央企业实际的利益相关方参与机制和利益相关方沟通机制；提炼开展社会责任全员培训、加强社会责任能力建设的有效方式。

特别是随着社会责任工作推进越深入，社会责任推进工作的艰巨性、复杂性和长期性就会越凸显。国家电网公司意识到，必须认真开展好回顾总结工作，多回头看看会有不同的认识和更多的收获。

充分利用企业现有的制度安排，实现尽可能大范围的推广应用

沿着国家电网公司社会责任管理一路走来的印记，我们发现，国家电网公司持续推进这项工作，牢牢将社会责任与企业制度安排相"捆绑"。

第一，将经验固化为一系列推进社会责任的工作制度，在国家电网公司系统下发。企业社会责任制度建设是开展社会责任管理和实践的基础和前提，这些制度规范的形成不仅极大地推进了国家电网公司相关社会责任工作，更保证了国家电网公司社会责任工作沿着制度化、规范化和常态化的方向前进。

第二，将经验固化为应用工具，从企业开展社会责任管理工作的视角出发，将复杂的问题简单化，将社会责任的理念与企业的产供销等生产经营环节、人财物等职能管理有机结合起来，提供适用于供电企业现实工作场景的工作方案，破解了企业管理理论在实际应用过程中经常遇到的操作性难题。

第三，将经验固化为平台和载体，对企业社会责任管理实践的思想、行为逻辑、做法等信息进行示范、传播、共享。这不仅包括企业实施社会责任管理和社会责任实践的逻辑思路和演变动力等软性知识，还包括社会责任管理和实践的具体做法、控制方式和效果。

国家电网公司在"三集五大"① 改革后，组织机构同质化特点显著。从总部到网省公司、地市公司、区县公司直至供电所、班组，都要遵从相同的规章制度、流程标准、岗位要求。这就为国家电网公司将典型性的社会责任管理与实践经验进行大范围的推广复制创造了坚实的基

---

① 国家电网公司按照集团化运作、集约化发展、精益化管理、标准化建设要求，实施人力资源、财务、物资集约化管理，构建大规划、大建设、大运行、大检修、大营销体系。

础条件。一旦有成熟的经验产出，这一经验就可以相对快速地在与其层级相似、条件相似的单位、部门、岗位进行应用。当然，这种应用也需要根据当地经济社会发展背景进行调整。

第三节　通过社会责任管理
实现价值创造

无论是自我认知还是社会期望，伴随着企业产生、发展的过程，对企业价值定位的争议经历了一个又一个否定之否定的螺旋上升的过程。从股东利益至上，以利润最大化为目标，到以股价与市值为核心的企业价值最大化，再到利益相关方公司，追求企业效用最大化……

"在公司发展的过程中，我们一直在探索，党和国家对国家电网的要求是什么，利益相关各方及社会对国家电网的期望是什么。我们不断提问，不断回答，不断总结，深化了对电网功能、公司角色及肩负责任的认识。"[1] 国家电网公司对这些不断涌现的问题、期望、挑战一一分析，能够时时督促国家电网公司牢记肩上的使命，通过履行社会责任一一作答。这也正是国家电网公司在社会责任推进工作中一直坚持、不断进步的重要原因。

国家电网公司借鉴国内外的先进理念和实践，从自身实际出发，对社会责任与企业价值的关系有了更深的认识。在国家电网公司眼中，企业履行社会责任的本质是通过企业发展方式的重大转变实现社会资源的更优配置，是企业与社会可持续发展协调推进的过程，是全面实现企业对社会的价值的过程。履行社会责任对企业而言，绝不只是为了满足经

---

[1]　殷格非、于志宏、李伟阳、程洪瑾、崔征、李明秀、王潇、崔怡：《国家电网公司：责任表率》，《WTO 经济导刊》2007 年第 12 期。

济、社会和环境的底线要求，维护企业的社会合法生存权，更重要的是，企业能够以更有效率的方式为社会创造更有意义、更有爱心的财富，促进社会的全面发展和进步，满足人民对日益增长的美好生活的需要。

国家电网公司以"双向驱动、示范引领"型的社会责任管理推进之道，牢牢把握全面社会责任管理的规律，触发并引导员工思想的改变，形成思想先导，促进企业和员工行为的变革，为企业管理提升提供有效支撑；最终以绩效作为衡量，服务卓越责任央企品牌的创造。

国家电网公司正在用自己的努力证明：社会责任是包含丰富利益回馈的经营模式和业务领域的同义词。

形成新的发展认识

新型企业管理模式的建立需要对企业发展有新的认知。国家电网公司通过全面社会责任管理促使更多的基层单位转变管理观念，将社会责任理念融入公司的管理运营中。在与经济社会发展大环境和国网公司发展战略相契合的基础上，公司上下逐步形成了对全面社会责任管理这一新型企业管理模式的新认识：

一是新管理标准。由财务价值创造的管理标准转向综合价值创造的管理标准。同时，管理目标转向追求经济、社会和环境的综合价值最大化。国家电网在实践中深刻地体会到，以收入、利润、净资产收益率等财务指标来评价企业的业绩和对社会的贡献是远远不够的，特别是对于电价水平受到国家严格管制的电网企业，更是如此。作为影响国民经济命脉和国家能源安全的国有重要骨干企业，国家电网的核心价值在于电网优化配置能源资源功能的充分发挥，以及公司所创造的经济、社会和环境的综合价值。

二是新运营方式。从工作导向的企业运营方式转向社会价值导向的

104

企业运营方式，将社会责任理念融入公司日常经营的方方面面。国家电网公司的决策原则从"技术可行、经济合理、企业能力可及"正在扩展到"社会认可、环境友好、综合价值更优"。

三是新思维方式。从主要关注内部的思维方式转向"内部工作外部化、外部期望内部化"的思维方式，企业社会责任不是游离于企业核心业务以外的额外业务，而是企业运营的新方式。特别是让基层员工有了换位思考的能力，使员工牢固树立了社会责任和社会综合价值思维，不仅拓展了外部视野，主动考虑企业运营对经济、社会和环境的影响，还树立了合作、沟通、共赢的意识，变得更有创造力。

四是新角色定位。国家电网公司自觉从服务我国经济社会发展的全局和贯彻国家能源战略的大局出发确定自身角色，从关注自身价值延伸到创造社会福利、促进社会资源的更优配置、满足人民日益增长的美好生活需要，促进生态环境保护和资源的可持续利用，提高社会总体满意度。

催生新的行为表现

国家电网公司在推进全面社会责任管理的过程中，发现了很多以往忽略的与企业运营过程相关的社会问题，或者是找到了不少老问题的新解决方案，或者是为全社会提供了创新的社会问题解决方案与经验。通过运用社会责任理念和社会责任管理的特定方法与工具，基层单位学会了识别各利益相关方参与解决社会问题的意愿、资源、能力和优势，建立起各利益相关方合作解决社会问题的平台与机制。基层单位还通过管理提升、制度建设和队伍培训，固化供电企业推动各方合作解决社会问题的经验与成果，形成运用社会责任理念、创新解决与企业运营相关的社会问题的长效机制。

国家电网在实践中敏锐地意识到，利益相关方参与机制建设、员工培训、环保投入、社会捐赠等社会责任投入，如果仅从某个时点静态地看，是成本费用，与公司当期效益有矛盾，但从长远的动态过程看，则能够凝聚发展合力，激发创造活力，促进学习创新，有利于企业把握可持续发展机遇，控制社会和环境风险，是能够带来回报和效益的战略投资。

成就新的品牌形象

国家电网公司在推动全面社会责任管理过程中，促成了社会责任理念不断转化为一系列优秀实践。截至 2017 年底，国家电网公司已经积累了上千个优秀履责案例，建立起十余个社会责任示范基地。这些给企业带来了丰富的形象资源，促进社会各界对企业的正面认识。

国家电网公司自身也逐步树立起外部视野，学会换位思考，实现了社会沟通方式的根本转变。从传播业务和工作，转变为传播业务和工作的社会贡献与综合价值；从单纯重视与股东和主管部门沟通，转变为与各利益相关方的全面沟通；从注重沟通的信息传播功能，转变为注重沟通的综合价值创造功能。努力实现"沟通建立信任、信任增进合作、合作创造价值"。

国家电网公司正是将社会责任理念融入各个传播沟通活动，注重客户、社区、政府、供应链伙伴、员工和媒体的参与度，与利益相关方达成共识、共知、共建，在对利益相关方的持续管理、实践与传播中形成负责任形象的累积，逐步在众多利益相关方心目中打下负责任的企业形象烙印，企业品牌的知名度、认知度、美誉度得到了全面提升。这也就不难理解国家电网公司为何能够得到这些殊荣：2016 年、2017 年连续两年被世界品牌实验室（World Brand Lab）评为中国 500 最具价值品牌第一名，2018 年被 Brand Finance 品牌估值 2719 亿元，位列世界 500 强第 19 位。

第四节　为商业社会发展贡献精神财富

社会责任在中国仍处于发展阶段，无论从理论研究还是实际应用上仍存在很多未解之题，特别是对于社会责任管理，从全球角度而言，迄今为止还未有学者、组织能够给出一个公认的定义，也没有一套标准的管理方法广为应用。而中国社会日新月异的发展更是为企业正确理解社会责任、有效开展社会责任管理带来了不小的难度。

此时此刻，国家电网公司发出了历史最强音："我们不仅要为社会创造物质财富，而且要为社会创造精神财富和知识财富。"

国家电网公司不仅对社会责任管理知识进行了原创性的开发，而且通过合作项目、出版著作、发表文章、参与活动等方式，将这些知识传播出去，带来了中国企业社会责任发展的连锁效应、模仿效应、交流效应、带动效应等。输出社会责任管理标准、价值、影响力成为中央企业、电力行业乃至全球企业管理领域的样板，将社会责任管理这一新型的管理思维、营商模式带给更多的企业。

推动中国企业社会责任的正向生长

面对企业社会责任这一西方舶来品概念，国家电网公司从一开始就没有选择简单的移植与模仿，而是坚持走中国特色企业社会责任发展道路，期间积累的经验和产出的成果为中国企业社会责任理论研究和实践创新提供了重要的基础框架。

2007年4月，国家电网公司提出了系统的企业社会责任定义，改变了以往对企业社会责任概念大而化之的描述，明确界定了企业履行社会责任的内涵、外延、方式与本质，指出企业履行社会责任是社会资源的更优配置机制，是企业发展的综合价值的实现方式，是企业与社会和谐发展的基本途径，并且对国有企业，特别是中央企业社会责任的特殊性、需要面对的主要社会责任议题及具体内容进行了原创性研究。①

2008 年，国家电网公司承担了国家软科学计划项目"企业社会责任指标体系研究"，制定了一整套符合我国国情和企业实际的、与国际社会责任标准相衔接的社会责任指标体系。

2010 年，国家电网公司参与了国家科技支撑计划项目"社会责任国际标准风险控制及企业社会责任评价技术研究"，并承担子课题"企业社会责任综合评价研究"。研究报告构建了包含 217 项社会责任指标的我国企业社会责任综合评价指标体系和基于 ISO 26000 的我国企业社会责任综合评价模型。

2011 年，国家电网公司受国务院国资委委托，组织专家开展《中央企业"十二五"和谐发展战略实施纲要》的研究和起草。在研究过程中，国家电网公司将其在自身研究中发现的反映中央企业使命和价值观的一套认知体系——企业应综合考虑经济、社会和环境因素，追求综合价值最大化的"综合价值论"，提供给项目组予以借鉴，最终形成了指导中央企业推进社会责任管理和实践的顶层设计。

贡献新一代可持续的营商思想与经验

国家电网公司所期盼的不是中央企业社会责任的"一枝独秀"，而是全中国企业社会责任发展的"万紫千红"。回首国家电网公司社会责任发展之路，其源源不断地将每个阶段的发展成果和价值与全社会分享，包括社会责任管理推进道路上的理论创新、方法创新、路径创新，为中国企业社会责任发展创造了丰富的精神财富。

---

① 殷格非、于志宏、李伟阳、程洪瑾、崔征、李明秀、王潇、崔怡：《国家电网公司：责任表率》，《WTO 经济导刊》2007 年第 12 期。

　　针对社会责任基础知识的传播与分享，国家电网公司翻译出版了《世界知名电力企业社会责任创新实践》，翻译引入了《一看就懂CSR》，收集整理了前沿、经典的文献导读。

　　针对全球各类企业在社会责任管理中普遍面临的重点和难点问题，包括社会责任融入决策管理、责任议题管理、责任边界管理、利益相关方参与和沟通管理、社会与环境风险管理、公益管理和社会责任信息披露管理等，国家电网公司将十余年来企业社会责任理论研究成果和社会责任管理经验进行总结提炼，发布了首个由中国企业编制的社会责任管理丛书——"供电企业社会责任管理工具丛书"。这套丛书兼顾指导性和实用性，本着"管理流程图示化"的原则，把社会责任专业术语"翻译"成企业运营管理实操用语，开发出直接应用于企业管理提升的社会责任工具。丛书实现了将社会责任理念与企业产供销等生产经营环节、人财物等职能管理有机结合起来，根据不同的情境提供不同的工作方案。① 国家电网公司利用上述知识转化的方式，有效帮助阅读使用者在短时间内有效地理解、掌握和运用。

　　国家电网公司还以基层单位为对象，出版了多本书籍介绍这些企业实际应用社会责任管理思想的背景、过程、措施和结果等。对于那些在社会责任领域孜孜探求的众多企业来讲，这些经验是极难获得的。国家电网公司的经验分享，不仅教授了他们方法与技巧，而且给予了更多企业以信心。

　　国家电网公司还进行了很多理论层面的思考，包括对全面社会责任管理的定义、对社会责任指标体系的研究、对社会责任国际标准ISO 26000 的再思考等，国家电网公司也以出版物的形式毫无保留地对外分享了这些工作。

---

① 殷格非：《供电企业社会责任管理工具丛书简评》，《人民日报》2017 年 7 月 17 日，第 7 版。

不得不承认，国家电网公司作为中国企业社会责任先行者，它的这一系列行动对我国企业社会责任理论与实践的发展起到了重要的促进作用。

立足全球视角，代表中国企业发声

2007 年 9 月，国家电网公司成为国内首家 ISO 26000 社会责任国际标准观察员企业，同年 10 月组团参加社会责任国际标准 ISO 26000 奥地利维也纳第五次全会，实现了中国企业参加社会责任国际标准会议零的突破。

中国专家代表团团长、中国标准化研究院研究员陈元桥在参会总结中这样写道："中国代表团的最大特点就是中国企业（国家电网公司）第一次直接走上了社会责任国际标准制定活动的国际舞台。这说明了我国企业已开始逐步认识到了参与该项国际标准制定工作的重要性，并采取了实质性的行动。中国企业的积极参与，将会为我国今后积极参与和影响社会责任国际标准的制定工作提供强大的技术支持。"

正如公司对外联络部副主任刘晋军所言："如何把社会责任经验像特高压技术和特高压标准一样随着国家电网公司的品牌'走出去'，是推动社会责任过程中需要考虑的问题。这不仅是国家电网公司总部需要思考的问题，也是各省公司要思考的问题，更是地市公司要思考的问题。"①

第五节　思未来持续提升之道

随着进入建设具有中国特色国际领先的能源互联网企业新征程，国

---

① 《刘晋军在〈国家电网公司建设社会责任示范基地标准〉项目评审会讲话》，2017 年 8 月 16 日。

家电网公司会越来越多地面对利益相关方诉求所呈现的多元性、不确定性、复杂性、模糊性等特点。面对这些内外部挑战，国家电网公司需要继续运用"双向驱动、示范引领"的方式推动社会责任管理，继续为全社会提供创新的社会问题解决方案与经验。

从全面社会责任管理要求中的"全员"要求来看，国家电网公司领导层需要提升对取得社会责任管理成功的历史责任感及战略高度的认识。社会责任管理不仅对于企业，而且对于我们这个国家都具有重要意义。如果社会责任管理能取得成功，那么也是中国企业对世界企业管理的一个重要贡献。现在，社会责任管理在全球处于相同的发展态势，中国企业跟其他国家企业几乎在同一个起跑线上。放眼全球，没有看到非常成功的企业社会责任管理经验可以借鉴。因此中央企业最有可能在这里突破。而中央企业的性质和社会责任管理的理念是非常吻合的——共识、共创、共享。有朝一日，当世界的企业都在向中国的企业学习社会责任管理的时候，中国企业就真正成为了世界一流企业，并为世界企业管理做出了重要贡献。企业社会责任管理是中国企业的一个机会，国家电网公司站在最前面，所以也离成功最近。如果国家电网公司能够把社会责任管理工作抓得好，就能代表中国企业为世界企业管理做出贡献。

对于社会责任管理在基层员工中的落地，尽管在一些试点、根植项目、示范基地中已经看到了非常成功的经验，但是考虑到国家电网公司拥有近200万名员工，真正实现全员的社会责任管理，使每个员工做到社会责任管理要求的水平，需要更长的时间去努力，这也是全面社会责任管理面临的最大挑战之一。不过，国家电网公司已经摸索到了相关的解决办法，更多的是需要时间、耐心、恒心去实现。

从全面社会责任管理要求中的"全过程"要求来看，需要加大社会责任在公司主流化的力度。将社会责任向业务部门渗透，多采取跨部门、跨地域的合作方式推动社会责任。目前，社会责任工作主要停留在主管业务部门，只有社会责任成为核心部门，国家电网公司的管理体系才能真正建立起来，才能成为社会责任管理体系较为完善的中央企业之一。

从全面社会责任管理要求中的"全方位"要求来看，国家电网公司是中国企业的社会责任带头人，需带动整个电力行业有更多作为。电力行业在我们国家推动社会责任的各个行业里还不算先进，至少和国家电网公司在行业里的核心地位不相匹配。因此，需要把国家电网公司的经验，借助行业的身份和地位推广出去，使其成为推动行业履责的一个优秀企业；同时，这种影响力、带动力不能局限于中国国内，还要加强对海外履责实践的总结梳理，提升海外社会责任管理水平，成为在国际上有影响力的企业。

企业社会责任管理这片丛林无比茂盛，国家电网公司迈出的这一步为丛林探索开辟了一条路，使接下来的行动方向明朗起来。但是这条路还未走完，国家电网公司将会站在新一轮的起点，沿着这条路继续走下去。

附录　大事记

2004 年

1. 年底，国家电网公司提出建设"一强三优"现代公司和"两个转变"战略。

2005 年

2. 研究了数十家国际一流企业，特别是研究了全球范围内的国际一流电力企业如法国电力集团公司（EDF）、日本东京电力公司（TEPCO）等的企业社会责任创新实践，梳理了其发展历程、认识程度、关注议题、责任管理、评价指标体系、利益相关方六个方面的主要特点。

2006 年

3. 3 月 10 日，公司发布我国企业首份社会责任报告——《国家电网公司 2005 社会责任报告》。温家宝总理批示：这件事办得好。企业要向社会负责，并自觉接受社会监督。媒体认为这是"中国企业社会责任发展元年"的三大标志性事件之一（《公司法》修订首次引入企业社会责任条款、中央全会文件首次提出社会责任概念、国家电网发布我国首份企业社会责任报告），入选《WTO 经济导刊》"2006 中国企业社会责任十大事件"。

4. 公司正式成为联合国"全球契约"成员。

5. 公司加入中国可持续发展工商理事会（CBCSD），刘振亚董事长任理事。

6. 公司与瑞典企业合作开发生物质能源，与法国电力公司签署《清洁发展机制合作意向书》，推进清洁能源发展机制的国际合作。

7. 公司荣获"2006年中国网友喜爱的十大名牌"公益品牌奖。

8. 公司被评为中国企业社会责任调查百家优秀企业，荣获企业社会责任建设贡献奖，中国企业社会责任调查组委会授予国家电网公司"最具社会责任企业奖"。

9. 公司首次获得中国公益领域的最高奖项"中华慈善奖"。

2007 年

10. 1月18日，公司发布《国家电网公司2006社会责任报告》。

11. 7月，公司成为国内首家ISO 26000社会责任国际标准观察员企业。

12. 10月，公司承担科技部国家软科学研究项目《企业社会责任指标体系研究》。

13. 11月，公司组团参加了在奥地利维也纳召开的社会责任国际标准ISO 26000第五次全体会议，实现了中国企业参加社会责任国际标准会议零的突破。

14. 12月，公司在中央企业中率先建立自上而下的社会责任组织管理体系，成立社会责任工作委员会和社会责任工作办公室，设立常设工作机构——社会责任处，所属各单位全部建立了社会责任工作推进机构。

15. 12月，公司发布中国企业首份履行社会责任指南——《国家电网公司履行社会责任指南》，阐述了企业履责的目标、方向、路径和重点，标志着社会责任与管理运营的融合，奠定了全面社会责任管理的基础和开端。

16. 获得 2006 年度最具责任感企业奖、2007 年度中华民族品牌与企业
社会责任调查"20 大中华社会责任奖"、2006 年度 20 大人民社会责任奖
荣誉称号,国家电网公司《企业社会责任报告模式创新》获"2007 第二
届'中国管理学院奖'十佳管理创新成果奖"。

2008 年

17. 1 月,公司召开奥运社会责任大会,发布《国家电网公司 2007 社
会责任报告》。

18. 1 月,参与起草国务院国资委《关于中央企业履行社会责任的指
导意见》(国资发研究〔2008〕1 号),标志着中央企业履行社会责任的新
开端。

19. 4 月,在国网天津市电力公司启动网省级电力公司全面社会责任
管理试点,通过试点先行、以点带面的模式推进全面社会责任管理。

20. 公司成为 ISO 26000 社会责任国际标准的专家成员企业。

21. 公司承担国家软科学研究项目"企业全面社会责任管理模式研究"
和国务院国资委重点课题研究"中央企业社会责任研究"。

22. 获得人民社会责任奖、2008 年建设和谐社会与企业社会责任(上
海浦东)论坛"企业社会责任贡献奖",被评为中国企业社会责任杰出
企业。

23. 公司《大型电网企业全面社会责任管理》获十五届全国企业管理
现代化创新成果一等奖,列第一位,表明公司社会责任管理创新经受住了
实践的初步检验,获得了社会的广泛认可。

2009 年

24. 1 月,公司发布《国家电网公司 2008 社会责任报告》。

25. 3 月,发起成立"国家电网公益基金会",成为我国能源行业首家

非公募基金会，是具有独立法人资格的非营利性社会公益组织，原始注册资金为 1 亿元，其宗旨是：积极履行社会责任，奉献爱心，支持社会公益事业，促进社会和谐发展。

26. 4 月 23 日，在 2009 中国绿色公司年会上，公司连续两年荣膺中国绿色公司星级标杆企业。

27. 6 月 9 日，举行 2009 年第一期全面社会责任管理培训班。

28. 7 月 16 日，确定国网江苏无锡市供电公司为首个地市级供电企业全面社会责任管理试点单位。

29. 9 月 19 日，在中国企业社会责任研究中心等机构主办的 2009 年中国企业社会责任研讨会上，公司以社会责任指数 91.65 分的成绩在 2009 中国企业社会责任榜 100 强榜单中名列第一，获得"2009 中国企业社会责任特别大奖"。公司"灾区紧急供电工程"入选 2009 中国企业履行社会责任优秀案例。

30. 9 月 21～22 日，国务院国资委研究局局长彭华岗一行赴公司全面社会责任管理试点单位国网天津市电力公司调研工作。

31. 10 月 27 日，确定国网浙江嘉善县供电公司为首个县级供电企业全面社会责任管理试点单位，标志着国家电网公司全面社会责任管理省—地市—县三级供电企业试点工作全面启动。

32. 11 月 3 日，在国务院国资委召开的中央企业社会责任工作会议上，公司"开展基层试点示范，推进全面社会责任管理"的履责案例入选 2009 年度中央企业优秀社会责任实践，并排名首位。

33. 11 月 17 日，公司首期社会责任师资培训班在京开班，来自各网省公司社会责任职能部门的负责人或所属培训中心（党校）相应层级的专职教师，共计 40 名学员参加了培训。

34. 12 月 2 日，在商务部《WTO 经济导刊》杂志社、中德贸易可持续发展与企业行为规范项目、中国可持续发展工商理事会等机构举办的第二届中国企业社会责任报告国际研讨会上，《国家电网公司 2008 社会责任报告》获得领袖型企业报告，公司获评中国社会责任报告发展特别贡献奖。

35. 12 月 10 日，在由上海文广新闻传媒集团（SMG）旗下的第一财经电视、第一财经日报等七家机构共同举办的"2009 第一财经·中国企业社会责任榜"颁奖盛典上，公司以"大型国有企业的社会责任理论模型"获评本届社会责任优秀实践奖。

2010 年

36. 1 月 27 日，公司发布《国家电网公司 2009 社会责任报告》。

37. 公司作为中国企业的唯一代表参与社会责任国际标准 ISO 26000 的起草和编制；该标准于同年 10 月在瑞士日内瓦发布，目前是认可度最高、最具权威的社会责任国际标准。

38. 2 月，公司获得国家科技部批准，承担国家科技支撑计划"关键技术标准推进工程"重点专项"社会责任国际标准风险控制及企业社会责任评价技术研究"课题的研究任务，具体负责"企业社会责任综合评价研究"工作。该项目是公司继"特高压输电技术"相关课题之后承担的又一个国家科技支撑计划课题，公司还是唯一一家获邀参加的企业。

39. 4 月 19 日，公司发布国内企业首份绿色发展白皮书——《国家电网公司绿色发展白皮书》，提出了社会榜样型企业推进自身、产业和社会绿色发展的基本范式。

40. 4 月 30 日，公司承担的国家科技部国家软科学研究项目"企业全面社会责任管理模式研究"课题在北京通过评审验收。评审委员会认为，作为弥补我国企业社会责任研究空白和推动管理学发展的原创性研究，"企业全面社会责任管理模式研究"课题具有较强的理论创新性和实践指导性，达到了课题研究的目的和要求，在多个方面实现了创新和突破，为企业加强社会责任管理、创新管理模式、促进履责绩效提升和可持续发展提供了十分重要的理论指导。

41. 5 月 15 日，公司"全面责任管理模式"荣获由《中国电力企业管理》杂志社评选的"2009 电力十大管理创新"奖。

42. 5 月 26 日，在中国工业经济行业企业社会责任报告发布会上，《国家电网公司 2009 社会责任报告》获得报告评估专家组高度评价。在会议发布的《2010 中国工业经济行业企业社会责任报告综合评估报告》中，共计 18 次列举了国家电网公司的探索与实践。

43. 6 月 5 日，在《WTO 经济导刊》杂志社主办的"第五届企业社会责任国际论坛暨 2009 金蜜蜂企业社会责任·中国榜发布典礼"上，国网江苏无锡供电公司凭借"'订单式'供电服务创双赢新机制"案例获得"金蜜蜂·客户至上奖"。

44. 6 月 19 日，在中华慈善总会、中国外商投资企业协会等机构主办的第二届中国企业社会责任年会上，公司在"2010 中国企业社会责任榜"中高居内资企业首位。

45. 哈佛商学院用近两年的时间完成了"国家电网：企业社会责任"的案例撰写工作。10 月，该案例入选哈佛商学院案例库，成为首个被哈佛商学院使用的中国企业社会责任案例，对该公司乃至中央企业的品牌价值发挥了积极作用。

46. 8 月 2 日，"联合国全球契约·中国高层论坛"在上海世博会联合国馆举行，《国家电网公司 2009 社会责任报告》和《国家电网公司绿色发展白皮书》分别获得 2010 年全球契约·中国企业社会责任"典范报告"杰出成就奖和优秀创新奖。公司是唯一获得两个奖项的企业，并作为获奖企业唯一代表发言。

47. 8 月 3 日，第二届全球契约中日韩圆桌会议在上海世博会联合国馆举行。公司代表所做的题为"企业社会责任发展的过去、现在和未来"的主题发言受到广泛关注。公司代表在发言中，从管理视角透视了企业社会责任，细致分析了企业社会责任管理走过的发展历程，详细阐述了国家电网公司从企业社会责任管理历程中得到的启示。

48. 8月11~13日，公司应邀在中央企业社会责任工作年会上介绍经验。

49. 8月21日，在人民网主办的首届"低碳中国·创新论坛"上，公司以特高压输电技术当选2010年度"低碳中国十大创新技术产品奖"。公司在论坛上发表了"建设坚强智能电网，助力社会绿色发展"的主题演讲。

50. 11月，公司正式受邀加入世界可持续发展工商理事会（WBCSD）。

51. 12月1日，在"责任沟通创造价值——第三届企业社会责任报告国际研讨会"上，《国家电网公司2009社会责任报告》和《国家电网公司绿色发展白皮书》分别荣获"金蜜蜂2010优秀企业社会责任报告·领袖型企业"和"金蜜蜂2010中国企业社会责任报告发展·特别贡献奖"。公司是本次研讨会上唯一同时荣获两个奖项的企业。

52. 2010年，公司积极推进新农村电气化建设，继续大力实施"新农村、新电力、新服务"农电发展战略，加快推进新农村电气化建设工程。全年共完成农村电网建设和改造投资710亿元，建成新农村电气化县132个、电气化乡镇1687个、电气化村30363个，超额完成年度建设任务，农村电网结构和供电质量得到显著改善和提升。

53. 获得中国社会责任报告领袖型企业报告奖。

2011 年

54. 1月7日，哈佛大学商学院40余名师生到公司考察国家电网公司社会责任履责实践，并通过远程视频了解了天津电网变电设备运行情况，加深了对中国电网运营的感性理解。

55. 1月9日，《WTO经济导刊》评选出2010年国内社会责任十大事件，"国家电网公司发布我国企业首份《绿色发展白皮书》"位列第一。

56. 1月18~19日，21世纪中美关系研讨会暨第二届中美清洁能源务实合作战略论坛在美国华盛顿举行。本次会议是由中美两大智库——中国国家创新与发展战略研究会与美国布鲁金斯学会联合主办，中美两国160多位政界、学术界和企业界知名人士以"未来十年中美关系"为主题，就如何加强中美战略互信、拓展两国在清洁能源领域的务实合作展开了深入沟通和讨论。中国电力企业联合会理事长、国家电网公司总经理刘振亚应邀出席论坛并在19日发表了主旨演讲。

57. 2月12日，在中国标准化研究院组织召开的国家科技支撑计划"关键技术标准推进工程"专项"社会责任国际标准风险控制及企业社会责任评价技术研究"课题任务验收会上，公司承担的子课题"企业社会责任综合评价研究"任务在会上顺利通过验收，研究成果得到了评审专家组的高度评价。专家组一致认为，公司深入研究了国内外企业社会责任综合评价模型和指标体系，为我国推行ISO 26000社会责任国际标准提供了重要依据，相关结论和建议对于深化我国企业社会责任工作具有重要意义。

58. 2月21日，发布《国家电网公司2010年社会责任报告》。

59. 8月，公司下发《关于加强公司社会责任工作的指导意见》，要求各省公司选择一家地市公司开展全面社会责任管理试点，并要求所有省级电力公司发布年度《社会责任实践报告》（后改为《服务地方经济社会发展白皮书》）。

60. 10月，以主席团成员身份加入联合国全球契约中国网络。参与起草国务院国资委《中央企业"十二五"和谐发展战略实施纲要》以及相关课题研究。

61. 12月7~9日，举行国家电网公司社会责任培训班，进行全面社会责任管理试点工作交流和企业社会责任培训。被评为中央企业优秀社会责任实践、中国企业社会责任杰出企业，中国100强企业社会责任发展指数居前三位，获得中国企业社会责任特别大奖、联合国全球契约·中国企业社会责任典范报告、优秀企业社会责任报告长青奖、优秀企业社会责任报告领袖型企业奖。

2012 年

62. 1 月，发布《国家电网公司 2011 社会责任报告》。

63. 1 月，发布《公司的价值》白皮书，这是我国企业首个系统阐述企业对经济社会发展的价值，以及电网企业实现综合价值最大化战略路径的纲领性文件。

64. 4 月，公司成为社会责任国家标准的制定单位之一。该标准的编制历时三年，于 2015 年 6 月向社会发布。

65. 5 月 24~26 日，在江苏无锡举行国家电网公司全面社会责任管理试点工作座谈会，正式确定 27 个省公司所属的 27 家地市级供电企业作为国家电网公司全面社会责任管理试点单位，并下发《国家电网公司 2012 年全面社会责任管理推进工作方案》通知，启动全面社会责任管理"15333"工程。

66. 6 月，公司全面社会责任管理案例入选国务院国资委《中央企业管理提升社会责任管理辅导手册》，位列国资委社会责任管理三家标杆企业第一。

67. 6 月 16 日，在河北廊坊举行中央企业社会责任管理提升专题培训，分别进行了《国家电网公司的全面社会责任管理模式》《积极履行社会责任，保障中远持续发展》《深入实施社会责任管理，全面推进可持续发展》的培训。

68. 8 月，下发《关于做好年度社会责任实践报告编制、发布和传播工作的指导意见》，要求公司各单位充分发挥年度社会责任实践报告的社会沟通平台作用，提升公司社会沟通能力和水平，推动社会责任根植基层，进一步塑造责任表率央企形象。

69. 8 月，制定公司《落实中央企业"十二五"和谐发展战略实施纲要》实施方案，提出大力推进诚信央企、绿色央企、平安央企、活力央企、责任央企建设。

70. 获得 2012 中国社会责任管理创新典范奖、2012 中国企业社会责任特别金奖、第七届社会责任国际论坛"金蜜蜂企业奖"，全面试点入选 2012 中国企业社会责任十大事件，社会责任管理体系名列中央企业首位。

2013 年

71. 2 月，发布《国家电网公司 2012 社会责任报告》。

72. 3 月 2 日，在公司 2013 年品牌建设工作会议上，提出要持续开创社会责任根植基层新局面，深化全面社会责任管理试点，推进社会责任沟通，完善公司公益管理。

73. 6 月，下发《关于明确公司社会责任报告工作规范的意见》，确立"一份报告（国家电网公司年度社会责任报告）、一级发布（总部统一发布）、一贯到底"的报告发布规范。

74. 6 月 25 日，下发通知征集社会责任履责优先议题。

75. 12 月，召开全面社会责任管理试点工作汇报会，系统总结 27 家全面社会责任管理试点单位的典型经验、管理案例和履责故事。

76. 在中国企业 100 强社会责任发展指数中居首位，获评中央企业最佳社会责任实践，获得 2013 年社会责任杰出企业奖、2013 中国企业社会责任特别大奖。

2014 年

77. 2 月，发布《国家电网公司 2013 社会责任报告》。

78. 2 月 18 日，发布《关于深化全面社会责任管理、推进社会责任根植的指导意见通知》（国家电网外联〔2014〕268号），将组织各单位实施社会责任根植项目制确定为深化全面社会责任管理的重要实施路径。

79. 4月23～24日，举行公司社会责任推进手册研讨会，总结提炼公司社会责任工作推进的模式、方法和路径。

80. 5月，在刘振亚董事长的倡导并率先捐款下，电力行业19家企业共同成立特高压奖学基金，并于10月面向17所高校颁发"特高压电网奖学金"。

81. 10月，落实中共十八届四中全会提出的"加强社会责任立法"要求，积极推动和参与社会责任立法进程。

82. 12月，系统总结各单位社会责任根植项目与"社会责任周"活动成果，汇编形成2014年度99个社会责任根植项目案例。

83. 被评为第九届人民企业社会责任奖年度领袖型企业、中国工业经济联合会"社会责任星级榜"五星级企业，国家电网巴西控股公司获全球契约"社会责任管理最佳实践奖"。

2015年

84. 1月，发布《国家电网公司2014年社会责任报告》，成为中国大陆首个连续十年发布社会责任报告的企业。

85. 1月，下发《关于组织实施社会责任根根植项目制的指导意见》，继续深化社会责任根植基层，推动管理融入公司运营。

86. 3月，举行年度社会责任培训，对2014年度的99个社会责任根植项目进行了初步评价，并开展社会责任根植项目评价标准的研究和讨论。

87. 6月，编制和出版《供电企业利益相关方沟通手册》《社会责任议题管理手册》，作为基层单位提供企业社会责任管理的实操性工具指导手册。

88. 5月，启动2015年社会责任根植项目立项审核，共开展两轮七批社会责任根植项目审核，确定国家电网公司 2015 年社会责任根植项目 278 个。

89. 11 月 11～13 日，举行社会责任根植项目培训。

90. 被评为第二届"社会责任星级榜"五星级企业、中国企业社会责任十年见证·典范企业。

2016 年

91. 2 月，发布《国家电网公司 2015 社会责任报告》。

92. 2 月 20 日，印发《国家电网公司 2016 年外联品牌工作要点》，提出推进社会责任根植项目，建立社会责任对话机制，建设社会责任示范基地以深化社会责任管理。

93. 3 月，中国社科院工业经济研究所调研国网朝阳供电公司全面社会责任管理，出版国情调研项目考察报告《国网辽宁朝阳供电公司考察》。

94. 3 月 7 日，下发《2014、2015 年社会责任根植项目评优及 2016 年项目立项申报通知》，旨在深入推进公司社会责任根植工作开展，形成一批可传播、可复制、可推广的项目成果。

95. 5 月，启动 2016 年社会责任根植项目立项审核，共开展五轮审核，确定公司 2016 年社会责任根植项目 356 个。

96. 4～6 月，启动公司 2014～2015 年优秀社会责任根植项目评选，经过两轮评审，评选出 65 个优秀根植项目。

97. 12 月，编制《国家电网公司社会责任根植项目案例选编 2014－2015》，结合具体根植项目，剖析社会责任根植工作给公司业务运营带来的具体变化；展现各单位立足于地方和企业实际，运用社会责任理念与工具所带来的管理与业务创新。

98. 12 月 9 日，编制出版《供电企业社会责任信息披露报告书编制手册》，旨在帮助国家电网公司系统内尚未发布报告书的单位快速学习编制方法与要领，高效高质完成报告书的编制工作；对于具有报告书编制经验的单位，则提供进一步的创新思路和指引，鼓励其结合自身特点和实际需要进行创新，不断改进和提升报告书的编写质量；同时，与其他供电企业分享社会责任信息披露的心得体会，共同探索提升供电企业社会责任透明度的方法与路径。

99. 被评为中国工业企业履行社会责任五星级企业，获得金蜜蜂"社会责任报告长青奖"、人民网 2016 年"人民企业社会责任奖"、中国经营报"社会责任担当奖"。

2017 年

100. 2 月 20 日，发布《国家电网公司 2016 年社会责任报告》。

101. 2 月，公司下发《关于进一步深化社会责任管理的意见》，提出进一步深化公司社会责任管理，推动各级单位将社会责任有效融入公司改革发展、电网建设、安全生产、优质服务、科技创新、产业金融国际业务发展、依法治企等各项工作中，实现企业与全社会的协调可持续发展；明确深化社会责任管理理念、明确社会责任核心议题和推荐项目、建立社会责任根植立项评价推广常态机制、加强社会责任沟通、开展社会责任工作评价等主要任务；建立总部和各单位社会责任根植项目两级立项审核机制。

102. 2 月，公司出版《社会责任边界管理手册》《公益项目管理手册》，与之前编制出版的《利益相关方沟通手册》《社会责任议题管理手册》《社会责任信息披露报告书编制手册》共同组成"供电企业社会责任管理工具丛书"，一套五本，公司党组书记、董事长舒印彪为丛书作序。

103. 编制出版《国家电网公司履行社会责任故事绘》，首次以讲故事的形式传播企业社会责任履责成效。

104. 2 月，编制出版《国家电网公司社会责任根植项目工作手册》，明确了社会责任根植的基本概念、方法、内容、项目实施步骤和管理机制，更加规范地推进社会责任根植项目制，为基层单位提供实施社会责任根植项目的具体工作方法和工具。

105. 4月6~7日，进行社会责任根植培训。

106. 4~5月，下发《国网外联部关于组织实施2017年社会责任根植项目的通知》，对各单位申报立项的社会责任根植项目进行审核和精简，确定公司2017年度社会责任根植项目96个。浙江、江苏等省级电力公司继续广泛开展社会责任根植项目，在省内推广和创新实施根植项目逾百个，形成省内全面普及态势。

107. 6月26日，负责任的中国制造——2017中国工业行业企业社会责任报告发布会在北京召开，国家电网公司编制的"供电企业社会责任管理工具丛书"五本手册在会上发布，得到国资委、工信部等上级部委、行业组织和社会各界的肯定和高度评价。

108. 8月16日，公司社会责任管理推进交流现场会在浙江嘉善召开，国资委综合局副巡视员王黎参加会议并讲话。国网北京、天津、山东、江苏、浙江、重庆电力等单位分别就社会责任管理推进工作情况进行了交流，参会代表对浙江省电力公司社会责任管理和实践成果进行了调研，并对社会责任示范基地建设标准研究课题进行了验收。王黎副巡视员在讲话中充分肯定了公司在社会责任领域的不断耕耘及所取得的丰硕成果，并就中央企业社会责任工作进一步指出：中央企业应当成为履行社会责任的表率，要更好地实现社会责任理念的全面融合，并要加强社会责任体系建设和标准引领。

109. 9月26日，在首届能源产业扶贫高峰论坛上，公司凭借"国网阳光扶贫工程"的突出贡献获"能源产业扶贫特别贡献奖"，公司现场发言介绍扶贫举措和成效。本届论坛以"产业扶贫，共奔小康"为主题，总结了党的十八大以来我国产业扶贫的显著成效，探讨了政府、企业、民间组织共同推进中国能源扶贫的现状，展示了我国能源扶贫所取得的经济、社会、环境巨大综合效益。国家发改委、国家能源局、国务院扶贫办、70多家能源企业与贫困县代表共计 400 余人参会。

110. 10～12 月，启动公司社会责任示范基地和社会责任根植示范项目申报评选工作，派出专家组对 53 家申报单位进行实地考察评估。

2018 年

111. 1 月，公司提出 2018 年工作重点是将社会责任理念融入公司战略和日常运营中，实现社会责任与企业生产经营的有机融合。全面强化企业环境建设能力，全面提升企业核心竞争力，最大限度创造经济、社会和环境的综合价值，推动企业的可持续发展。

112. 2 月 1 日，下发《国家电网公司关于命名表彰社会责任示范基地和社会责任根植示范项目的通知》（国家电网外联〔2018〕71 号），确定国网泰兴市供电公司等 11 家单位为社会责任示范基地，"绿色岸电联盟"等 35 个项目为国家电网公司社会责任根植示范项目。

113. 2 月 6 日，公司发布《国家电网公司 2017 社会责任报告》，提出"自上而下层层推动全面社会责任管理落地，自下而上层层推进社会责任根植融入"的"双向驱动、示范引领"型社会责任工作推进模式。

114. 3 月 21～23 日，公司开展国网社会责任培训班，学习贯彻落实习近平新时代中国特色社会主义思想及党的十九大精神；共同探讨新时代、新时期社会责任工作方向和方式；分享各单位推进社会责任工作的经验。

115. 3 月 23 日，召开公司第一批社会责任示范基地管理提升工作交流会。会上下发了国网泰兴市供电公司编制的全面社会责任管理 10 本工作手册。要求各示范基地单位制订年度管理提升计划，并每月报送管理简报汇报工作进度。

116. 6 月 28 日，公司在 2018 中国工业行业企业社会责任报告发布会上，发布《社会责任融入决策管理工作手册》《社会与环境风险管理手册》《利益相关方参与及合作管理手册》三本管理工具手册，与2017年发布的五本"供电企业社会责任管理工具丛书"形成系列。国家电网公司董事长、党组书记舒印彪为丛书作序。

117. 11月16日，国家电网公司在2018中国企业海外形象高峰论坛上发布《国家电网有限公司海外社会责任指南》（中英文版）和《国家电网有限公司海外履责故事集2018》。这是继2007年发布《国家电网公司履行社会责任指南》后，公司进一步对海外机构及项目提出的履行社会责任行为规范准则，是公司社会责任管理的又一纲领性文件。这标志着中国企业致力于成为优秀的全球企业公民，以社会责任管理的思维推进海外履责，迈入"全球履责"时代。

2019 年

118. 2月26日，发布《国家电网有限公司2018社会责任报告》，连续14年在国内企业中率先发布社会责任报告。报告从认知论、判断标准和方法论三个层面，全面系统总结和阐述了国家电网"科学的企业社会责任观"。报告参考全球可持续发展标准委员会报告标准，首次进行了全球可持续发展倡议实质性对标和联合国可持续发展目标对标。

119. 6月27日，在首届中德可持续发展高峰论坛上，就共同推动能源转型和可持续发展进行交流并提出倡议。论坛由德国莱茵 TüV 集团，全球契约中国网络、中国可持续发展工商理事会、德国可持续商业论坛等机构主办。

120. 6月，公司制定了深入推进可持续性管理工作方案，提出用三年的时间，构建与公司新战略相适应的可持续性管理体系，营造推动可持续发展的主流文化，促进公司发展与环境保护、社会进步、员工成长的统一，不断丰富公司战略内涵和实施路径，提升公司战略价值，形成企业推进可持续发展的国际引领。

121.8 月，公司启动合规风险识别评估工作，组织各专业部门梳理合规风险，编制业务合规风险信息表，建立和完善合规风险库。

122.9 月 21 日至 25 日，联合国全球契约领导人活动周在美国纽约联合国总部举行，公司员工徐川子作为中国唯一"2019 年全球契约中国网络联合国可持续发展目标先锋（SDG Pioneers）"受邀参加活动，分享国家电网绿色"碳单"，倡导绿色用能。

123.10 月 17 日，《中国国家电网有限公司（巴西）社会责任报告》在里约热内卢发布，这是公司首次在巴西发布社会责任国别报告。报告介绍了国家电网在巴西业务发展历程，详细披露了公司积极履行社会责任，造福当地民众，创造经济、社会、环境综合价值最大化的实际行动。

124. 在 2019 年报告期内，共有 21 家所属省级电力公司、68 家地市县级供电企业发布了履责行动、责任实践报告书等专项报告。

125.12 月 10 日，国网湖州供电公司在西班牙马德里举行的第 25 届联合国气候变化大会上发布《中国湖州"生态＋电力"示范城市建设应对气候变化行动》白皮书，介绍公司推进"生态＋电力"行动促进节能减排的案例和应对气候变化所作的努力。

126. 参与社会责任系列国家标准的研究制定工作。国网泰兴市供电公司、国网无锡供电公司、国网武清供电公司、国网嘉善县供电公司、国网重庆市区供电公司承担了《社会责任管理体系要求及使用指南》、《在管理体系中使用 GB－T36000－2015》两个国家标准的试用工作。

127. 与社会责任研究机构合作开展社会责任管理成熟度、企业公众透明度研究评价指标体系研究。

128. 持续推进社会责任管理落地。指导公司第一批 11 个社会责任示范基地开展社会责任管理提升年度行动，完善管理体系，实施管理提升计划 2.0；带动安徽黄山、河北邢台、山西晋城、河南栾川、福建莆田、蒙东满洲里、重庆市区、四川资阳、宁夏永宁、新疆吉木萨尔等地方供电企业主动开展社会责任管理落地工作。

129. 继续组织省级电力公司和直属单位实施社会责任根植项目，推广第一批（35 个）社会责任根植示范项目，共实施社会责任根植项目 196 个；优化根植项目评价机制和规则，开展根植项目案例库开发和年度社会责任根植重点项目推荐评价。人民日报社《中国经济周刊》以专辑白皮书方式集中报道了 20 个社会责任根植项目案例。

130. 2019 年公司连续第三年获中国扶贫基金会颁发的"突出贡献奖"；"国网阳光扶贫行动"获评能源产业"十大精准扶贫典型案例"；"青海绿电 15 日"获评联合国全球契约中国网络 2019 实现可持续发展目标最佳实践；公司获评 2019 全球企业可持续竞争力典范企业；公司 2018 年社会责任报告获"金蜜蜂 2019 优秀企业社会责任报告·长青奖"。